Volker Keidel

WER ALKOHOLFREIES RADLER TRINKT, HAT SICH SCHON AUFGEGEBEN

Einer gegen alle Trends

Besuchen Sie uns im Internet:
www.knaur.de

Aus Verantwortung für die Umwelt hat sich die Verlagsgruppe
Droemer Knaur zu einer nachhaltigen Buchproduktion verpflichtet.
Der bewusste Umgang mit unseren Ressourcen, der Schutz unseres Klimas
und der Natur gehören zu unseren obersten Unternehmenszielen.
Gemeinsam mit unseren Partnern und Lieferanten setzen wir uns für eine
klimaneutrale Buchproduktion ein, die den Erwerb von Klimazertifikaten
zur Kompensation des CO_2-Ausstoßes einschließt.
Weitere Informationen finden Sie unter:
www.klimaneutralerverlag.de

Originalausgabe April 2020
Knaur Taschenbuch
Ein Imprint der Verlagsgruppe
Droemer Knaur GmbH & Co. KG, München
Alle Rechte vorbehalten. Das Werk darf – auch teilweise – nur mit
Genehmigung des Verlags wiedergegeben werden.
Covergestaltung: totalitalic, Thierry Wijnberg
Coverabbildung: Shutterstock / IMOGI graphics
Satz: Adobe InDesign im Verlag
Druck und Bindung: CPI books GmbH, Leck
ISBN 978-3-426-79066-3

2 4 5 3 1

Liebe Freunde!
*Tut mir leid, aber ich konnte
keinen Witz verschenken.*

INHALT

Prolog	9
Nur hacke Hygge!	13
Früher war mehr Jeans	19
Tilt	25
Mördersport	31
Meister Yoga	38
Es perlt	46
Cht	52
Erst wenn	57
Tanz mir ein Gedicht	62
Schlimm	69
Menschen hassen	74
Bitte schööön!	81
Nicht unfehlbar	88
Schall und Rauch	95
Fett ohne Geräte	102
Im Sporthotel	110
Wichtige Schritte für die Menschheit	117
Was hältst du von 23 Euro?	122
Unhappy End	129
Because The Night Belongs To HSVers	137
Ich weiß	144
Reh, Hase oder Vogel	150
Hanswurst	155

Save the turtles!	162
Schwamm	165
Früher war Wellness irgendwie geiler	171
Erledigt	176
Superman	183
Fertig!	189
Epilog	203

PROLOG

Als ich anfing, Kurzgeschichten zu schreiben, riet mir ein Freund, mich auf die Themen zu konzentrieren, die mir selbst Spaß machen.
Folgerichtig entstanden vier Bücher, die sich hauptsächlich um Fußball und Bier drehen. Das ist der Grund, weshalb die Menschen in meinem Umfeld entweder mit mir über Fußball reden oder Bier trinken wollen.
Das ist ein Skandal, weil ich mich weiterentwickelt habe. Ich würde mich selbst als offenen, vielseitig interessierten und neugierigen Kosmopoliten bezeichnen.
Auch wenn ich diese Meinung recht exklusiv vertrete.
Natürlich schimpfe ich gerne über andere Menschen, über ihre Angewohnheiten und ihre Einstellung, noch lieber schimpfe ich allerdings über all die beknackten Trends, die Einzug in unser Leben gehalten haben. Es muss nicht sein, dass wir das alles als gegeben hinnehmen. Ich möchte mit diesem Buch wachrütteln, ein Fanal setzen. Auch weil ich schon immer mal »ein Fanal setzen« schreiben wollte.
Jetzt, wo ich es geschrieben habe, würde ich gerne wissen, was Fanal heißt.
Aha, Google sagt, es käme aus dem Italienischen und bedeute Fackel.
Eine Fackel setzen! Noch besser! Ich bin ein großer Liebhaber von Pyrotechnik in Fußballstadien, werde diesen Ausdruck also in Zukunft des Öfteren verwenden.

Aber ich schweife ab.

Für mich als mittlerweile extrem toleranten Typen war es eine Selbstverständlichkeit, einige Trends auszuprobieren, bevor ich mich über sie lustig mache. Keidel, du Ehrenmann!

Ich habe Golf und Yoga ausprobiert, bin nach Köln zur Gamescom gefahren und war bouldern.

Dass mit jeder lässigen Kneipe, die schließen muss, auch ein Stück von mir stirbt, wusste ich schon vor diesem Buch. Auch dass alkoholfreies Radler widerlich ist. Ohne es jemals zu trinken. Irgendwo gibt es Grenzen.

Ich war beim Jeanskauf und habe mich gewundert. Ich habe Menschen genau beobachtet und mich noch mehr gewundert. Ich habe mich mit Modenamen auseinandergesetzt und dabei Erschreckendes über mich erfahren. Bei einer Massage wäre ich beinahe gestorben, mein Tag mit einem Gangsta-Rapper dagegen war unerwartet witzig.

Insgesamt aber ist alles etwas trauriger geworden in dieser modernen Welt. Trotz meiner großartigen Entwicklung hin zum mehrdimensionalen Mann von Welt musste ich deshalb beim Schreiben ab und zu an früher denken und habe einige Schwänke aus meiner Jugend eingebaut. Und gelegentlich etwas über Fußball und Bier. Als Fackel quasi.

Vielen Dank an alle, die mich auf Trends aufmerksam gemacht haben, die ich noch gar nicht kannte. Vielleicht auch niemals kennen wollte.

Hätte ich alle in Geschichten gepackt, wäre ein Buch in Brockhaus-Stärke entstanden. Aber seien wir ehrlich, über Dinge wie WhatsApp-Gruppen muss ich nicht herziehen, die findet hoffentlich jeder von sich aus zum Kotzen. Sorry, zum Sichüberge-

ben. Schluss mit diesem schnoddrigen Schreibstil, auch literarisch hat sich bei mir was getan, so Richtung hochfeuilletonmäßige Fackel, oder wie man da sagt.
Aber lest selbst.

NUR HACKE HYGGE!

Ich sehe Leena an, dass sie Schmerzen hat, das Gespräch zu eröffnen.
»Was ist los?«, frage ich nach. »Hast du eines meiner Trikots verwaschen?«
»Nein«, sagt sie unsicher. »Du hast mir verboten, deine Trikots zu waschen. Aber es ist schlimmer. Wir sind bei Emma zu einem Hygge-Fest eingeladen. Sagt dir das was?«
Mir wird ein wenig schlecht. Ich bin Buchhändler, natürlich weiß ich, was Hygge ist.
Hygge ist ein Trend aus Dänemark und hat irgendwas mit dänischer Gemütlichkeit zu tun. Irgendwas mit Lebensgefühl, mit gestrickten Socken und heißem Tee. Irgendwas mit tollen Gesprächen unter Freunden vor dem Kaminofen. Mit allem, was mir zutiefst zuwider ist.
Ich hatte im Hugendubel bestimmt schon fünfzig Kunden an der Kasse, die ein Hygge-Buch gekauft haben. Mit keinem – oder besser gesagt: keiner – hätte ich mehr reden wollen als »19,99 Euro bitte, danke, tschüss«.
Jetzt sollen wir einen Abend mit zwei anderen Hygge-Pärchen verbringen.
Leena schreibt sich mit zwei »e«, hat also einen finnischen Namen, und mag gestrickte Socken. Sie würde da ihren Platz finden. Sie trinkt ab und zu Tee und isst ihre Schinkennudeln mit Apfelmus. Sie liebt schmusige Katzen und hat eine Patchworkdecke genäht. Sie findet es voll in Ordnung, mit Schal und

Kaffee in so einem Isolierbecher aus dem Haus zu gehen. Und sich an der Bushaltestelle an dem Becher beide Hände zu wärmen. Mit fingerspitzenfreien Handschuhen.

Ich versuche, noch mehr schlimme Vorlieben von Leena zu finden. Eventuell mag ich dann nicht mehr mit ihr zusammen sein, kann Schluss machen und muss nicht auf das Fest.

Andererseits geht sie mit mir auf die Nordtribüne, hat mir hyggelige HSV-Topflappen gehäkelt und ist ein Feierbiest. Voll nett ist sie auch.

Ach, was soll's. Ich bleibe bei ihr, und wir gehen da hin. Vielleicht springt ja eine Geschichte dabei raus. In meinem Alter erlebt man nicht mehr so viel.

Emma mag ich auch gern. Also ich mochte sie vor der Einladung. Sie hat esoterische Züge, aber sympathische. Und sie ist lustig.

Nun stellt sie unsere Freundschaft auf eine harte Probe.

Egal, ich sehe es auch als Chance. Oft werde ich auf Fußball und Bier reduziert. Dabei bin ich doch viel mehr! Ich kaufe mir selbst Blumen für zu Hause, zünde mir ab und zu alleine eine Kerze mit Feigenduft an und trinke dazu Tee mit Zitrone, Ingwer und Manuka-Honig.

Manchmal bin ich also echt ein Gefühlsmensch, da werde ich wohl einen Hygge-Abend überstehen.

In meiner Mittagspause bereite ich mich vor. Kaum habe ich das Buch aufgeschlagen, muss ich auch schon lachen.

Ich sehe ein Bild mit zwei Händen an einer Tasse. Ohne Handschuhe. Weil die brauchst du nicht, wenn du dir 'nen schönen Tassenwärmer gestrickt hast!

Neben den schrumpeligen Händen, der Tasse und dem Tassenwärmer steht folgender Text:

Dein Tassenwärmer wird noch hyggeliger, wenn du ihn mit Knöpfen, Filz oder allem, was dir sonst noch einfällt, verzierst. Und wo du schon dabei bist, könntest du auch für deine Trinkflasche einen Wärmer stricken, damit sie sich nicht übergangen fühlt.

Ich bin jetzt nicht so der Fan von Anglizismen, aber WHAT THE FUCK? Meiner Meinung nach, und das meine ich ernst, müsste der Verfasser des zweiten Satzes für selbigen ins Gefängnis. Ohne Verhandlung. Einfach mal zwei, drei Jahre wegsperren und den Satz an die Zellenwand schreiben lassen:

Und wo du schon dabei bist, könntest du auch für deine Trinkflasche einen Wärmer stricken, damit sie sich nicht übergangen fühlt.

Ich habe so viel Spaß, dass ich mich fast schon auf den Abend freue. Vielleicht geht ja sogar was auf dem hyggeligen Bärenfell vor Emmas Kamin.
Diesen Gedanken verwerfe ich, als wir später bei Emma ankommen, und ich kicke das Bärenfell sofort unter das Sofa.
Tatsächlich haben alle außer Leena und mir Norwegerpullis an. Alle, das sind Emmas neuer Freund Thorsten, dazu Inge und Peer. Thorsten massiert Inge gerade die Schläfen. Sie scheint es sehr zu genießen und öffnet nur kurz die Augen, um uns Hallo zu sagen. Emma und Peer – ich frage kurz nach, ob er jetzt echt Peer heißt – backen Plätzchen. Klar, mit Zimt.
Leena grinst mich an, als wir unsere Gästesocken anziehen.
»Ihr verarscht mich doch?«, frage ich.
»Chill mal«, sagt sie. »Gelassenheit ist die Basis von Hygge.«

Ich finde eher, dass Hygge die Basis von Amoklauf ist.
Aber ich bleibe ruhig, bis die Plätzchen im Ofen sind und Inge vom Schläfenmassieren fast gekommen ist.
Dann schlägt Emma vor, dass wir alle zusammen *Die fabelhafte Welt der Amélie* anschauen. Sogar die Jungs sind begeistert.
»Nein«, sage ich energisch. »Jetzt ist mal gut! Ich hasse diesen Film! Lasst uns doch pokern oder wenigstens etwas trinken.«
»Au ja, Glühwein!«, sagen alle im Chor.
Ich muss lachen, war ja abzusehen. Dabei hatte ich schon einen Cola-Asbach-Stiefel visualisiert ... und wo du schon dabei bist, könntest du auch gleich einen Wärmer für deinen Cola-Asbach-Stiefel stricken, damit er sich nicht übergangen fühlt.
Meinen ersten Glühwein exe ich. Es tut sehr weh, aber manchmal muss man ein Zeichen setzen.
Die anderen schauen mich entsetzt an, dann ziehen sie nach. Schließlich ist Hygge auch so ein Gemeinschaftsding.
Zugegeben, es wird immer lustiger. Ich trinke acht Glühwein, wobei ich darauf achte, die Tasse immer mit beiden Händen zu halten.
Mir ist bewusst, dass ich mit diesem Gesöff im Schädel den nächsten Tag wahrscheinlich nicht überleben werde, aber nur so werde ich jemals den Abend vergessen können.
In meiner Trinklaune lasse ich mich dazu hinreißen, Hygge infrage zu stellen.
Im Buch habe ich gelesen, dass die Lieblingsbeschäftigung von Hygge-Menschen ist, mit den Kindern zu spielen. Noch weit vor Partys und Stadionbesuchen.
Was sagen diese Leute dann zu ihren Freunden?
»Ach ne, geh du mal alleine zum HSV, wir wollen heute Nachmittag Monopoly spielen«?

Entweder haben sie keine Freunde, oder das Ganze ist einfach eine gewaltige Lüge.

Im Buch steht außerdem, dass sie es schöner finden, sich um ihr Haustier zu kümmern, als Freunde zu besuchen.

»Das ist doch Bullshit!«, schreie ich und schenke Glühwein nach. »Erklärt mir das!«

»Ach, Volker«, sagt Leena, »warum bist du nur immer so eindimensional? Ich gehe gerne mit dir ins Stadion und mit dir feiern. Aber alles, was nicht mit Fußball und Trinken zu tun hat, langweilt dich.«

»Sex?«, werfe ich ein, merke aber, dass ich einfach die Klappe halten sollte.

»Du bist echt ganz nett«, legt sie nach, »doch im Prinzip bist du oberflächlich. Ist es dein Lebensziel, möglichst viel Spaß zu haben und wenig an dich heranzulassen?«

Ja, denke ich, ist das falsch?

»Das ist falsch«, meint Leena. »Man muss sich auch öffnen und Dinge tun, die man nicht lässig findet. Sonst bleibst du immer nur ein Typ, den alle auf Fußball und Bier reduzieren. Willst du das?«

Ich überlege, und ich überlege wirklich. Will ich das?

Ich glaube schon. Ich glaube, dass die Tiefe meines Charakters in meiner Oberflächlichkeit zu suchen ist. Ich bin fast jeden Tag glücklich, warum sollte ich alles hinterfragen?

Warum sollte ich Dinge, die mir wehtun, an mich ranlassen? Heute hat der HSV 3:1 gewonnen, das bringt mich durch die nächste Woche. Warum sollte ich einen Flaschenwärmer stricken?

Warum sollte ich meine Kinder nicht nur mehr lieben als alles andere auf der Welt, sondern auch am allerliebsten mit ihnen spielen? Wenn ich sie nicht merken lasse, dass es mir keinen Spaß macht, können sie es gar nicht würdigen, sollte ich wirklich mal mit ihnen spielen. Wer mit Kindern Fußball spielt, hat den Fußball nie geliebt. Warum sollte ich sie womöglich noch beim Tischtennis gewinnen lassen, wenn das eines der wenigen Dinge ist, die ich kann?

Warum sollte ich die Vergangenheit verarbeiten, wenn ich mich doch schon so sehr auf morgen freue?

Warum kann Oberflächlichkeit nicht glücklich machen? Ich sehe sie doch alle, die sich mit sich selbst auseinandersetzen und bei uns in der Buchhandlung Lebens- und Gesundheitsratgeber kaufen. Sie wirken weder gesund noch glücklich.

Immer in sich reinhören, immer diskutieren, immer Probleme lösen, die sich eh von alleine lösen, wenn man sie nicht beachtet.

Kleine Probleme braucht man nicht zu diskutieren und große erst recht nicht, weil einem dabei keiner helfen kann.

Vielleicht schreibe ich einen Ratgeber über dieses Thema. Da belüge ich wenigstens nicht andere (wie bei Hygge), sondern allenfalls mich selbst.

Ja, vielleicht müsste auch ich eingesperrt werden.

Vielleicht hab ich gar nichts kapiert im Leben, aber wir haben 3:1 gewonnen, Digga!

Emma reißt mich aus meinen Gedanken. Sie lacht.

»Hygge, was muss das für ein Humbug sein, wenn sogar Volker sich plötzlich ernsthafte Gedanken macht?«

Dann holt sie ihren Norwegerpulli aus, zieht das Bärenfell unter dem Sofa hervor und legt es vor den Kamin.

FRÜHER WAR MEHR JEANS

Ich habe immer gesagt, dass ich lieber ein oder zwei Kinder gebären würde, als mich alle drei Tage zu rasieren. Keiner und vor allem keine hat mich damals verstanden, aber ich habe jede Rasur gehasst.

Seit es die ganzen Hipster gibt, geht es mir gut. Plötzlich kann ich Bart tragen, und keiner und kaum eine findet das doof. Ich rasiere mich alle zehn Tage rudimentär, und alle sind zufrieden. Dafür macht mir etwas anderes immer mehr zu schaffen.

Als Kind war es mir sowieso egal, aber auch mit zwanzig hat es mir noch nichts ausgemacht, eine Jeans zu kaufen.

In den ersten Jahren kaufte ich mir jedes Mal eine Edwin-Jeans, weil mir das blau-gelbe Logo gefiel, dann kam die Levi's-Werbung, in der die Jeans in den Kühlschrank gelegt wurde, und es war um mich geschehen.

Fortan gab es für mich keine andere Jeans als die 501. Und beinahe eine Dekade lang musste ich nur in den Laden gehen und sie kaufen. Das lästige Anprobieren war nicht nötig, die Größe änderte sich einfach nicht. Weite: 28, Länge: 34.

Hinzu kam, dass ich mir damals die 501 noch leisten konnte. Weil mein Vater sie zahlte.

Seit ich einen Beruf habe, habe ich nur noch wenig Geld und kaufe meine Jeans weniger nach der Marke, sondern mehr nach dem Preis. Weil sich die Größe je nach Marke etwas unterscheidet, muss ich meine Hosen anprobieren.

Deshalb ist es am schlimmsten, alleine zum Shoppen loszuzie-

hen. Natürlich schätze ich mich schlanker ein, als ich bin, und die ersten Jeans passen somit überhaupt nicht. Wenn ich dann wieder meine eigene Jeans anziehen muss, um andere Größen zu holen, möchte ich eigentlich schon nach Hause gehen.
Das mache ich auch meistens.
Heute habe ich Leena gebeten, mich moralisch zu unterstützen. Mir die passenden Größen zu holen und mir zu sagen, die Hose passe mir sehr gut und ich sei gar nicht so schwabbelig.
Sie holt mich von der Arbeit ab. Schnell verstecke ich mich hinter einem Bücherregal, aber sie hat mich schon gesehen und scheint motiviert.
»Wollen wir lieber essen gehen? Ich lade dich ein«, sage ich.
»Ach Volker, sei nicht albern. Wir kaufen ganz schnell eine Hose, und wenn du brav bist, lade ich dich hinterher ein.«
Ich durchschaue den psychologischen Ansatz für Kleinkinder und stelle mich quer.
»Lade mich vorher ein, sonst gehe ich nicht mit. Ich überstehe das nur nach einem Feierabendbier. Außerdem muss ich die Hose vollgefressen anprobieren, sonst kann ich ja in den Tagen nach dem Hosenkauf kaum was essen.«
Sie verdreht die Augen, willigt aber ein.
Schon nach einer Currywurst und einem schönen Weißbier drängt Leena zum Aufbruch. Ich bräuchte eine neue Jeans dringender als ein weiteres Bier. Darüber ließe sich durchaus streiten, aber ich gebe klein bei.
Mir wird schlecht, als wir den H&M betreten. Erst recht, als ich das Plakat in der Hosenabteilung erblicke.
Es gibt anscheinend drei Hauptschnitte: Slim straight, skinny und slim. Klassische straight Jeans soll es auch geben, nur finden kann ich keine.

Ich sehe mich um. Hier braucht auch keiner der Typen eine normale Jeans. Das Durchschnittsgewicht dieser Bübchen mag bei 48 Kilo liegen, der Zweitälteste nach mir ist ungefähr 30 Jahre jünger als ich. Selbstverständlich will ich sofort gehen, aber Leena hat schon drei Modelle in der Hand. Sie strahlt Vorfreude aus.

»Schau her, ich habe sogar eine Straight gefunden. Und hier, 'ne schöne Skinny. Besonders freue ich mich aber auf die Slim coupe étroite. Hört sich an, als wäre das was für dich.«

Jetzt lacht sie richtig laut. Das nächste Mal gehe ich wieder alleine, so ist es irgendwie würdelos.

»Coupe étroite heißt übrigens gerader Schnitt«, sage ich besserwisserisch, um mir etwas Achtung zurückzuholen, aber niemand beachtet mich.

Hier rund um die Umkleidekabinen riecht es nach Pubertät. Können die kein Deo benutzen, die Säue?

In der Kabine zahlt es sich doch aus, dass Leena dabei ist, weil ich schon Schwierigkeiten habe, nach dem Bier und der Currywurst meine jetzige Hose überhaupt aufzuknöpfen.

Ich probiere zuerst die Straight an. Und siehe da, sie passt super.

»Die nehme ich!«, sage ich glücklich.

»Das glaube ich nicht. Schau die Hose im Spiegel mal von hinten an.«

Tatsächlich hängt der Arsch dermaßen in der Kniekehle, dass selbst ich lachen muss. Junge, Junge, schaut das kacke aus. In Rekordzeit hängt sie wieder am Bügel.

Weiter geht's mit der Slim coupe étroite. Ui, denke ich wieder, die passt ja auch.

Dann sehe ich an mir runter und merke, dass ich sie nur bis

zum Knie hochgezogen habe. Bis dahin passt sie super, leider kriege ich sie keinen Zentimeter höher. Würde eventuell komisch aussehen, so auf die Straße zu gehen. Coupe étroite ja, slim nein.

Den Vogel schießt die gute alte Skinny ab. Ich kann sie zwar hochziehen und zumachen, aber sie klebt an mir wie eine zweite Haut. Sehr skinny!

Ich wollte keine verdammte Strumpfhose kaufen, aber Leena versichert mir, das Teil nicht in der Damenabteilung geholt zu haben. Mittlerweile laufen ihr Tränen übers Gesicht.

Ich kriege kaum Luft und glaube nicht, dass jemand, der solch eine Hose länger als drei Minuten trägt, noch Kinder zeugen kann. Keine Ahnung, wo meine Hoden sind, aber in dieser Hose sicher nicht mehr. Nun ja, wer den Arsch am Knie hat, bringt auch die Kronjuwelen irgendwo am Bauchnabel unter. Diese Hose könnte ich jedenfalls nur anziehen, wenn Leena sie mir am Abend wieder ausziehen würde.

»Wäre ich alleine unterwegs«, erkläre ich Leena, »bräuchte ich immer einen One-Night-Stand. Wenn um ein Uhr noch keine angebissen hätte, würde ich wahnsinnig unter Druck stehen, wenn ich nicht in Jeans schlafen will.«

»Wenn du diese Scheißhose anhättest«, antwortet sie gelassen, »wäre spätestens um elf Uhr keine Frau mehr im Club.« Sie hat wirklich Spaß.

Auch als sie ein weiteres Modell anschleppt.

»Hier, eine Slim fit, probier mal.«

»Schau ich irgendwie slim oder fit aus?«

»Eher schlimm und fett«, murmelt sie und bestreitet sofort, das gesagt zu haben. Aber selbst die ganzen stinkenden Kinder hier im Laden lachen.

Ich mache einen auf beleidigt und ziehe Leena Richtung Ausgang. Dabei läuft uns in der Tat ein Verkäufer über den Weg. Ich halte ihn fest und will wissen, warum es nur noch widerliche Hosen gibt. Und ob nicht doch ein Modell für mich dabei wäre.
»Hm«, sagt er und schaut mich abfällig an. »Mein Vater hat ungefähr Ihre Figur. Etwas sportlicher, aber ähnlich. Der kauft sich immer diese Hose ohne Schnitt. 501 oder wie die heißt.«
»Guter Mann«, sage ich, »dann kauf ich mir halt auch wieder eine Levi's.«
»Sind Sie sicher«, fragt er nach, »dass die von Levi's ist? Machen die nicht nur diese T-Shirts mit dem Logo drauf.«
Ich ziehe Leena raus aus diesem Laden. Von diesem Trottel muss ich mich nicht schwach anreden lassen.
Alles an mir fühlt sich gequetscht an, sogar meine eigene Jeans kommt mir schon total eng vor. Ängstlich schaue ich nach, ob es überhaupt meine ist oder eine von diesen unsäglichen Leggings.
Glück gehabt. Ich bin so froh, da ohne neue Hose rausgekommen zu sein, das muss gefeiert werden.
Wir setzen uns in die nächste Kneipe und bestellen Bier. Leena will jetzt immer mitkommen, wenn ich eine Hose kaufe. Ich bin einverstanden, weil ich ohne sie wirklich den Verkäufer oder andere Kunden hätte fragen müssen, ob sie mir aus der Hose helfen. Stelle ich mir unangenehm vor.
Ich muss mir eingestehen, dass ich zu alt bin für H&M. Die haben mich das letzte Mal gesehen, sicher macht sie das traurig. Nach zwei weiteren Bieren fühle ich mich stark genug für den TK Maxx. Das ist viel nachhaltiger. Nur Restposten, die sowieso im Müll gelandet wären. Ich bin ein toller Typ. Auch durch

kleine Gesten und Taten kann man mithelfen, die Welt zu retten.
»Du hattest echt mal die Weite 28?«, fragt Leena grinsend beim Durchforsten der Stapel nach Weite 33. »Was ist passiert?«
»Weiß nicht«, antworte ich. »Ich habe ab und zu fettiges Zeug gegessen und seitdem etwa 10 000 Liter Bier getrunken.«
Ich überschlage kurz. Gar nicht so schlecht geschätzt ... ich tippe auf 250 Liter pro Jahr. Seit circa 32 Jahren. Macht 8000 Liter.
Klar ist das nichts, worauf man stolz sein sollte, aber ich bin echt stolz drauf.
Leena sieht mein dümmliches Grinsen.
»Bist du da auch noch stolz drauf?«
»Quatsch, das ist doch nichts, worauf man stolz sein könnte«, sage ich mit überkreuzten Fingern.
Die Jeanshosen hier sind auch sehr hässlich. Viele sind knöchelfrei, haben Löcher, sind gefleckt oder mit Nieten besetzt. Hosen, in denen man sogar in den 80ern in der Metal-Disko ausgelacht worden wäre.
Wir nehmen fünf Hosen mit in die Kabine, und ich bin echt überrascht, dass eine davon passt.
Ich juble laut, sogar Leena sagt, ich solle sie in Gottes Namen nehmen. Wahrscheinlich frustriert auch sie das Ganze. Wer hat schon gern einen Freund, der keine Hose von der Stange kaufen kann?
Ein letztes Mal muss ich mich an der Kasse aufregen. Die Jeans kostet 60 Euro! Alle anderen hier kosten maximal 40 ...
»Warum ist die so teuer?«, blaffe ich den Kassierer an.
Er schaut sie sich genauer an und sagt lässig: »Wer diese Hose kauft, zahlt jeden Preis, weil ihm keine andere hier passt.«

TILT

Ich studiere gerade zum 29. Mal das Kicker-Sonderheft. Nur einmal möchte ich ein Studium zu Ende bringen.
Wahnsinn, wie viele neue Informationen man jedes Mal entdecken kann in diesem schönsten aller Magazine.
Wer der neue Sponsor von Carl Zeiss Jena oder wie groß Rick van Drongelen ist. Er ist 1,85 Meter. Verdammt, ich dachte immer, er sei 1,86 Meter groß. Verrückt!
Gerade präge ich mir die ehemaligen Vereine von Gideon Jung ein, als es an der Tür klingelt.
Meine Ex-Frau bringt die Kinder vorbei und erklärt beiläufig, dass sie für Tom und mich zwei Tickets für Köln gekauft hat.
»*In* Köln?«, frage ich.
»Natürlich *in* Köln!«, antwortet sie.
Geil, ich war noch nie im Müngersdorfer Stadion. Der HSV auswärts! Das wird ein wundervolles Vater-Sohn-Wochenende. Im Auto abwechselnd Drei-???-CDs und HSV-Lieder. Mit Stopps am Burger King und Schals, die aus dem Seitenfenster flattern. Endlich kommt Toms Van-Nistelrooy-Trikot zum Einsatz, das ich ihm vor Jahren geschenkt habe. Danke!
»Papa«, sagt Tom, der mein dümmliches Grinsen wohl richtig deutet, »wir fahren auf die Gamescom, nicht ins Stadion!«
»Auf die was?«, hake ich nach. Ich grinse nicht mehr.
»Die Gamescom. Kennst du doch! Computerspiele und so. Ein Spiel Köln gegen HSV würde doch nur dir gefallen, das wäre kein richtiges Vater-Sohn-Wochenende.«

»Hm. Ja, hast recht. Auf die Gamescom. Das wird toll!«
Ich balle halbherzig die Faust.
»Es fällt zufällig auf dein Wochenende«, sagt Anna. »Ich wäre sonst gerne hingefahren.« Sie zwinkert mir zu.
Wenn ich sie frage, ob sie das Wochenende tauschen will, antwortet sie bestimmt, dass sie leider schon etwas vorhabe.
»Tauschen wir das Wochenende?«
»Geht leider nicht. Da hab ich schon was vor.«
So sitze ich drei Wochen später mit Tom im Auto. Er freut sich saumäßig, ich mittelmäßig.
Wenn gerade keine Drei-???-CD läuft, sagt Tom Sachen wie: »Durch die Shader-Modifikationen ist die Grafik von Minecraft erheblich besser geworden.«
Ich sage Sachen wie: »Bahnhof?«, oder: »Wie war das im Mittelteil?«
Bevor Tom alles noch mal wiederholt, schiebe ich wieder eine Drei-???-CD rein. Meine CDs darf ich nicht spielen, die würden ja nur mir gefallen.
Trotzdem macht die Fahrt Spaß, es ist schön, Tom so glücklich zu sehen.
Je näher wir an Köln kommen, desto glücklicher schauen auch die Kinder aus den anderen Autos. Viele Gesichter leuchten aber nur wegen der Tablets davor.
Wir Erwachsenen blicken uns gegenseitig mitleidig an und rollen mit den Augen. Wir können das tun, weil wir oft langsam fahren müssen, damit die Kleinen Pokemons vom Seitenstreifen fangen können.
Die letzten zweieinhalb Stunden vor Köln fahren wir neben einer Familie im BMW her, damit die Kinder besser online miteinander zocken können.

Anscheinend hat die Fahrt auch Tom mental mitgenommen, denn als wir in Köln einfahren, bekommt er einen Redeflash. Wir sind beide das erste Mal in Köln, aber er beginnt zu faseln: »Ah, schau, da drüben die Brücke, da haben wir als Kinder immer gespielt. Wir nannten sie die Drei-Huggel-Brücke. Und da, dieses Haus, da wohnte ein Freund von mir, der Georg, damals in den 60ern, jetzt haben sie es modernisiert. Dadurch hat es etwas von seinem Charme verloren. Hach, was haben wir damals immer draußen gespielt. Wir hatten ja nichts, nicht mal Computerspiele. Da drüben war unsere Schule, heute ist sie ein Amt.«
Weil ich so sehr lachen muss, bitte ich ihn nach zehn Minuten, doch lieber wieder Minecraft zu spielen. Herrlich, diese Stille!
Im Hotel fallen wir gleich ins Bett. Ich schlafe gut, wache nur ab und zu auf, weil es unter Toms Bettdecke immer wieder blinkt und leuchtet.
Nichtsdestotrotz ist Tom schon um 7 Uhr fit. »Wir müssen los! Wir müssen los!«, blökt er unaufhörlich.
Deshalb sind wir auch schon um 9:30 Uhr an der Messe, obwohl die Gamescom erst um 10 Uhr ihre Pforten öffnet. Doch wir sind nicht die Ersten. Viele komische Menschen stehen vor uns in der Schlange. In der Brillenschlange. Fast alle tragen Brille. Und Akne.
Um halb zehn sind wir auch schon drin. Und es gefällt mir tatsächlich. Erst laufen wir am DeLorean aus *Zurück in die Zukunft* vorbei, daneben haben die Jungs von der Orga taktisch klug ein paar Quadratmeter für diverse Flipper- und Videospielautomaten wie Pac-Man und Asteroids freigeschaufelt. Um die genervten Eltern zu beschwichtigen und in Sicherheit zu wiegen.

Ein paar Sekunden lang kann ich Tom halten und erzähle ihm, wie wir früher am Neukauf in Rimpar Decathlon und Donkey Kong gespielt haben.

»Jaja, Papa, haben wir damals auch, nicht weit von der Drei-Huggel-Brücke.«

Ich will noch kurz den Flipper fotografieren, um einen schlechten Witz auf Facebook zu posten, als zwei etwa 18-jährige Mädels stehen bleiben.

Nicht wegen mir, wie ich erst glaube, sondern wegen des Flippers.

Ich sehe ihnen an, dass sie gerne spielen würden. Und ich sehe ihnen an, dass sie nicht wissen, wie ein Flipper funktioniert.

Also zeige ich ihnen, wie sie die Kugel ins Spiel bringen und mit den beiden Schlägern im Spiel halten können.

»Wenn ihr links schießen wollt, müsst ihr ganz laut LINKS! schreien, rechts genauso.«

Als wir zehn Meter weiter sind, hat sich schon eine Traube um die beiden gebildet. Viele filmen das Spektakel und stellen die Videos sicher gleich auf YouTube.

Tom zieht mich in Halle 8. Es ist unfassbar laut da. An der ersten Bühne werfen die Typen von Wargames Zeugs ins Publikum. Ich fange drei T-Shirts, ein Computerspiel und eine Tastatur, weil kaum einer außer mir größer als 1,50 Meter ist.

Tom freut sich sehr über den tollen Vater-Sohn-Moment.

Weniger toll ist es an der Bühne der YouTuber. Hier verbringen wir den restlichen Tag. Tom hat ein Pokémon-Poster gekauft, lässt sämtliche Minecraft-YouTuber Deutschlands darauf unterschreiben und macht Selfies mit ihnen.

Die Minecrafter sind hauptsächlich minderjährige Nerds, die ohne Heldenstatus an jeder Schule verloren wären.

Als Chaosflo44 und Arazhul ankommen, herrscht Ausnahmezustand. Vor der Bühne stehen 400 Leute, viele kreischen, viele warten seit mehr als zwei Stunden auf ein Autogramm, 10 Securitys passen auf.

Die beiden Stars sind vielleicht 15, aber verdienen mehr Geld als ich. Viel mehr Geld. Ich bin fast 50. Ein 50-jähriger Verlierer.

Noch. Denn dann habe ich keine Lust mehr zu stehen und setze mich mit einem Buch neben die Bühne.

Die Leute stupsen sich an, zeigen auf mich. Schnell werde ich umringt, alle bombardieren mich mit Fragen.

– Was das sei?
– Ein Buch. Wie E-Book-Reader, nur ohne »E« und »reader« und auf Deutsch.
– Ob man da gar nicht wischen müsse?
– Nein.
– Sehr cool.
– Ob sie es mal anfassen dürfen?
– Ja.
– Ob sie mich mal berühren dürfen?
– Ja.
– Ob sie ein Selfie mit mir machen dürfen?
– Ja.
– Autogramm?
– Ja.

Nachdem Tom seinerseits alle gewünschten Autogramme der YouTuber gesammelt und jeder YouTuber eines von mir bekommen hat, bringt uns ein Security aus der Halle.

Endlich fahren wir zum Grillen. Wir sind bei Shane und Sascha, die ich aus München kenne, eingeladen.

Gleichzeitig spielt der HSV. Fleisch, Bier und ein schönes Zweitliga-Abendspiel. Eine sehr verdiente Entschädigung.

Tom isst zwei Stück Fleisch und fragt dann nach dem W-LAN-Passwort.

Er muss sofort YouTube-Videos anschauen, is klar.

Es wäre der perfekte Abschluss unseres Wochenendes, wenn Tom mit uns das Spiel gucken würde, aber ich habe keine Chance gegen sein Smartphone.

»Okay«, sage ich deshalb, »dann tu mir noch einen Gefallen. Gib bitte bei YouTube mal ›Flipper‹ und ›rechts‹ und ›links‹ ein.«

Und was soll ich sagen … 1,4 Millionen Klicks.

MÖRDERSPORT

Ich schaffe gerade so den Weg vom Bett zum Sofa. Zum Glück habe ich heute frei, jede Bewegung tut mir weh. Erschöpft schlafe ich noch einmal kurz für vier Stunden ein, dann stehe ich langsam auf.
Endlich habe ich die Kraft zu überlegen, was ich am Vortag getan habe, dass ich so hinüber bin.
War es ein Volldistanz-Triathlon? Nein, nicht einmal über die olympische Distanz.
Eigentlich weiß ich, was los ist, aber ich mag es nicht wahrhaben.
Es war kein Pokalspiel mit Verlängerung, Elfmeterschießen und anschließender Siegesfeier in der Kneipe. Kein Boxkampf, ich war nicht beim Klettern oder im Fitnessstudio, ich hatte noch nicht mal Sex.
Es ist sehr traurig, aber ich war beim Golfen. Ich bin körperlich am Ende, weil ich beim Golfen war. Wenn ich jetzt noch sage, dass es kein wirkliches Golfen war, sondern dass ich nur für eine halbe Stunde auf der Driving Range, der Übungswiese, Bälle ge- und verschlagen habe, wirkt es noch peinlicher.
Golf hat mich immer schon interessiert. Jetzt, da ich ein Buch über Trends schreibe, konnte ich es endlich ausprobieren.
Mein Netzwerk funktioniert anscheinend, denn kaum hatte ich auf Facebook angefragt, ob mich jemand auf die Driving Range mitnähme, hatte ich schon ein Date mit Sebastian. Am nächsten Tag, 17 Uhr, Golfplatz Olching.

Von null auf hundert quasi. Keine Zeit mehr, mich auf dem Minigolfplatz am Netz noch etwas vorzubereiten oder mir wenigstens eine karierte Hose zu kaufen. Oder einen Maserati.

Es war dann auch seltsam, mit Jeans und T-Shirt im Bus zum Golfplatz zu gondeln. Selbst der Busfahrer musterte mich, als ich fragte, wo ich denn aussteigen müsse.

Das Gefühl wurde nicht besser, als ich über den Parkplatz des Golfplatzes lief. Jedes einzelne Auto hier kostete mehr als alle Autos zusammen, die ich je besessen hatte. Und das waren immerhin um die dreißig Stück.

Da wird dir immer vorgegaukelt, Golf sei mittlerweile eine Sportart für das Volk geworden, aber ich schaute mich vergeblich nach einem Dacia und Mehmet Scholl um.

Immer, wenn mir jemand entgegenkam, tat ich so, als wäre ich gerade aus dem nächstbesten der unzähligen Porsches hier ausgestiegen. Zärtlich strich ich mit dem T-Shirt über die Motorhaube und lächelte die Leute an. Und hoffte, dass es nicht ihr Wagen ist. Sie schauten mich mitleidig an. Mit so einem Wir-wissen-dass-du-lügst-Blick.

»Da bist du ja!«, begrüßte mich plötzlich Sebastian und nahm mich sofort mit an den Abschlag.

»Du musst nicht aufgeregt sein, auch wenn es wohl kaum eine komplexere Sportart gibt«, beruhigte er mich. Nicht.

Ich hatte schon Schwierigkeiten, den Golfschläger einigermaßen richtig zu halten. Mein Talent zum Minigolfen würde mir hier wenig helfen, so viel war klar.

Meine Aufregung steigerte sich, als mir Sebastian den kompletten Bewegungsablauf demonstrieren wollte und seinen Abschlag scheinbar mühelos bis in die nächste Ortschaft knallte. Alter, ich wusste nicht, dass er ein gottverdammter Profi ist.

Auf Facebook hatte ich noch eine große Klappe bewiesen und vermutet, mir würde eine Stunde reichen, um den Ball anständig zu treffen.

Jetzt stand ich bibbernd mit meinem Eisen 9 am Abschlag und himmelte Sebastian an wie ein Balljunge Messi.

Schon nachdem er meine Haltung und Fußstellung korrigiert hatte, war ich durchgeschwitzt.

Warum bin ich nur so alt und unbeweglich?

Die Tatsache, dass man beim Schlagen leicht in die Knie gehen soll, bescherte mir am nächsten Tag einen Muskelkater, als hätte ich bei der Skigymnastik 25 Minuten in der Abfahrtshocke verbracht. Ach, hätte ich nur öfter bei der Skigymnastik mitgemacht. Oder mich wenigstens jemals vor dem Sport aufgewärmt.

Ich wünschte, ich hätte mich auch heute etwas aufgewärmt. Aber wie peinlich wäre es gewesen, mich am Abschlag in Jeans zu dehnen, um dann den Rasen in einen Acker zu verwandeln.

Beim ersten Schlag traf ich tatsächlich den Ball. Er flog nicht sehr hoch und nicht sehr weit, aber immerhin bekam ich von Sebastian ein Lob.

Wie hätte er auch anders reagieren sollen, ich grinste ihn an wie das etwas dümmliche Smiley mit der schwarzen Hornbrille.

Ein bisschen verzog ich allerdings das Gesicht, weil es so schmerzte. Die Finger taten mir weh und mein bizarr verdrehter Rumpf genauso.

Nach fünf weiteren Schlägen war ich komplett durchgeschwitzt.

Es war sehr klug, in der prallen Sonne ein schwarzes T-Shirt zu tragen. Jetzt war es dunkelschwarz.

Schon beim siebten Schlag war ich auf dem Zenit meines Könnens.

Ich traf den Ball relativ gut, er flog relativ weit, ich war relativ stolz, Sebastian relativ beeindruckt.

Siehste, dachte ich. War doch klar, dass das genau meine Sportart ist. Das Selbstvertrauen war zurück, ich erkundigte mich nach den Anmeldebögen und den Terminen für die nächsten Turniere.

Beim nächsten Schlag traf ich den Ball nicht. Beim übernächsten hatte ich wohl den Boden vor dem Ball leicht touchiert, jedenfalls flog die halbe Wiese durch die Luft. Ich war wieder devot.

Nach ein paar weiteren Schlägen ging Sebastian ein Stück weg und unterhielt sich mit Freunden. Ohne kleine Korrekturen seinerseits hatte ich überhaupt kein Gefühl mehr, wie ich mich hinstellen, wie ich ausholen, wie ich schwingen sollte.

Dazu die Prüfungssituation, weil ich wusste, sie würden mich beim Versagen beobachten, sich gegenseitig anschmunzeln und die Augen verdrehen.

Mir liefen die Schweißperlen direkt ins Auge, ich musste die Brille absetzen. Nur kurz, weil es für alle sehr gefährlich geworden wäre, hätte ich jetzt auch noch ohne Brille gespielt.

Ich nutzte die Pause, um mich etwas zu beruhigen und umzusehen. Mir gefiel, was ich sah. Hinter mir übte einer in kurzer Hose und T-Shirt. Er sah genauso deplatziert aus wie ich, allerdings schwitzte er nicht so.

Auch er spielte sicher zum ersten Mal. Es sah so schlimm aus, wie er schon dastand, ich war versucht zu grinsen.

Dann hatte ich eine grausame Ahnung. Was, wenn es bei mir genauso aussah?

Zuerst traute ich mich nicht, dann schaute ich Sebastian doch fragend an.
Und ja, er nickte traurig.
Nun war mein nur noch rudimentär vorhandenes Selbstvertrauen komplett weg. Sicher schlug ich jetzt die Bälle noch schlechter als mein Nachbar.
Mann, ich durfte nicht so ungerecht sein. Wahrscheinlich wäre der Typ viel besser, wenn er mir nicht seit einer halben Stunde zuschauen müsste. Sicher hatte auch er Tränen in den Augen. Lachtränen.
Glücklicherweise wollte der Platzwart, dass wir in fünf Minuten aufhörten.
Ich spielte den Korb mit den Übungsbällen noch leer. Für die restlichen fünf brauchte ich bestimmt sieben Schwünge, dann war ich erlöst. Auch Sebastian freute sich.
Ich wollte ihn noch auf ein Bier einladen, aber er hatte wenig Zeit. Schade, am Tresen hätte ich zeigen können, was in mir steckt. Zumal ich Geld übrig hatte. Weil ich nicht wusste, was so eine Schnupperstunde kostet, hatte ich 80 Euro abgehoben. Gebraucht hatte ich 2 Euro für einen Eimer Bälle.
»Hier kannst du noch ein paar Putts üben«, sagte Sebastian, als wir an den Übungsgrüns vorbeiliefen.
»Au ja«, antwortete ich, »auf Kunstrasen kann auch nicht so viel passieren.«
»Das ist echter Rasen, Volker. Sei vorsichtig.«
Und tatsächlich war das kein Kunstrasen. Wie machen die Greenkeeper das? Ich habe mal feinsten Rollrasen verlegt, zwei Wochen später sah er aus wie der Rasen am Abschlag der Driving Range, nachdem ich ihn umgepflügt hatte.
Endlich, hier am Grün, würden sich die Würzburger Ferien-

pässe auszahlen, dank derer wir als Kinder fast täglich minigolften.

Der Putter schaute zwar etwas anders aus als die Schläger beim Minigolf, was mich jedoch nicht dazu veranlasste, den Golfball etwas sanfter zu touchieren.

Wahnsinn, der Ball flog weiter als der eine oder andere Abschlag mit Eisen 9. Das Putten war nicht ganz so frustrierend wie der Rest, weil der Ball zumindest grob in die gewollte Richtung lief.

»Als nächstes will ich Yoga ausprobieren«, erzählte ich Sebastian auf dem Weg zum Auto beziehungsweise zur Bushaltestelle.

»Sehr gut«, sagte er. »Yoga hilft sehr in Sachen Beweglichkeit beim Golf. Vielleicht wäre das was für dich.«

»Ja, aber vielleicht wären Kreuzworträtsel und Canasta auch was für mich.«

Sebastian widersprach zwar nicht, ich bedankte mich trotzdem für seine Geduld und das Erlebnis. Ich hoffe, er darf im Golfclub bleiben.

Auf dem Heimweg sah ich fünf Erwachsene, die auf einer Treppe saßen und wie wild auf ihre Handys und Tablets einhämmerten. Ich schaute genauer hin, und sie sammelten wirklich Pokémons ein. Fünf Jahre nach dem Hype, das nötigt mir Respekt ab. Vielleicht wäre auch das was für mich. Wenn es beim Canasta nicht so läuft.

Heute, am Tag danach, will ich mich auf Yoga einlassen. Ohne es zu belächeln.

Ich muss was tun, wenn ich auch in fünf Jahren morgens noch aufstehen will. Ich muss zum Yoga, zum Joggen, zum Fußball,

zum Tennis, zum Klettern, zur Skigymnastik, zum Schwimmen, ins Fitnessstudio.
Ich möchte, dass mich die Leute mittelfristig fragen, wie aus meinem halb toten Körper eine so bewegliche und wunderschön definierte Maschine werden konnte.
»Ach, das war einfach«, werde ich antworten. »Ich habe mal dreißig Minuten auf einer Driving Range verbracht.«

MEISTER YOGA

Endlich ist es so weit. Endlich habe ich Cathy gefunden, die sich bereit erklärt hat, mit mir zum Yoga zu gehen. Wochenlang habe ich jemand gesucht, aber entweder haben sich die Leute gesträubt, oder sie wohnen zu weit weg.

Meine Ex-Freundin Tanja dagegen schrieb, sie würde sogar extra aus Würzburg nach München kommen, um mir beim Yoga zusehen zu können. Dabei weiß sie nicht einmal, wie unbeweglich ich geworden bin. Als ich mit Anfang zwanzig mit ihr zusammen war, hatte ich noch sensationelle Moves drauf. Das kann sie unmöglich vergessen haben.

Detti geht in Gröbenzell zum Yoga. Da mitzukommen wäre die einfachste Option gewesen. Leider weigerte er sich vehement: »Ich werde den Teufel tun und da einen Wallraff einschleusen. Ich traue dir nicht.«

Und so etwas nach zwanzig Jahren Freundschaft. Warum denken manche Menschen so schlecht von mir?

Ich würde mich doch niemals über jemand lustig machen, der es nicht verdient. Auch Yoga an sich respektiere ich als Sportart oder zumindest als Hobby, solange ich es nicht ausprobiert habe. Vielleicht würde ich nach der Probestunde mehrmals die Woche in dieses Studio gehen. Mit eigener Yogamatte, witziger Batik-Schlabberhose und allem Pipapo.

Wer bin ich, dass ich mich über etwas erheben könnte, was ich nicht kenne? Außer über alkoholfreies Radler.

Cathy nimmt mich also mit. Sie ist eine tapfere Frau. Genau

genommen geht es zum *Body Balance*. Sie meint, das würde auch bei Anfängern schon gut aussehen und sei eine Mischung aus Yoga, Tai Chi und Pilates.

Ich glaube nicht, dass es bei jedem Anfänger gut aussieht, aber ein wenig Körperbeherrschung, Schattenboxen und ein paar Kraftübungen – alles im Einklang mit dem Geist – traue ich mir zu.

Das rede ich mir zumindest ein, in Wahrheit habe ich große Angst.

Cathy beruhigt mich sofort, als sie mir im Studio ins Gesicht blickt. Ihr Humor ist großartig, sie würde mir die Stunde so angenehm wie möglich machen.

Trotzdem will ich nach Hause.

»Ich kann nicht mitmachen, ich habe mein Handtuch vergessen!«

Leider komme ich aus der Nummer nicht mehr raus. Cathy schickt mich zur Theke, wo ich mich zur Probestunde anmelden und mir ein Handtuch ausleihen soll. Mist, beides geht glatt.

Auf dem Weg zum Schafott werfe ich dem Getränkeautomaten einen sehnsüchtigen Blick zu. Außer ein paar Flaschen Wasser befinden sich darin ausschließlich ungesunde Sachen. Red Bull, Cola und Powerade. Ganz ehrlich, da geht mir das Herz auf.

Vorbildlicherweise habe ich Leitungswasser dabei, abgefüllt in eine leere Spezi-Flasche. Für das Gefühl.

Cathy stellt mich der Trainerin Hannah vor.

»Ah, schön, ein Mann«, begrüßt sie mich. »Versuch einfach, nur die Dinge zu tun, bei denen du dich wohlfühlst. Auch wenn dir zwanzig Frauen dabei zuschauen.«

Meister Yoga

Ich spare mir den Witz, dass ich dann besser im Biergarten auf Cathy warten möchte. Mir ist nicht nach Lachen zumute.

Die Stunde findet in einem ehemaligen Squash-Court statt. Ich hätte nie gedacht, dass ich jemals in einem Squash-Court etwas schlechter können würde, als Squash zu spielen. Heute besteht die Gefahr.

Ich überrede Cathy, sich mit mir in die letzte Ecke zu verkriechen.

Obwohl sie doch verstehen müsste, dass ich nicht auffallen will, versucht sie, das zu verhindern.

Warum, merke ich, als wir uns zum Aufwärmen mit Tai-Chi-Übungen zum Spiegel drehen. Ich stehe jetzt quasi in erster Reihe und alle schauen mir zu. Zu den erwähnten zwanzig Frauen ein sehr sportlicher Mann, der noch dazu gut aussieht. Wenn wenigstens außer mir ein zweites Opfer hier wäre. Cathy gluckst vor Schadenfreude.

Zu allem Übel macht Hannah auch noch Musik an.

»Keine Angst«, flüstert mir Cathy zu, »die Musik dient eher der Untermalung. Du musst dich nicht im Takt bewegen.«

Sie sagt das, denn SIE HAT MICH, sie hat mich tanzen gesehen.

Schon die Grundstellung überfordert mich dermaßen, dass ich mir wünsche, stattdessen einfach lostanzen zu können.

Ich soll leicht in die Grätsche gehen und das rechte Knie über den Fuß nach außen schieben. Es tut sehr weh, aber alle anderen tun so, als wäre es das Normalste der Welt.

Im Spiegel sehe ich außerdem, dass alle im Flow sind und sich synchron bewegen. Gerade so wie in den Schulungsvideos auf YouTube, die ich mir im Vorfeld natürlich NICHT angeschaut habe.

Ich dagegen bewege mich wie ein dicker, 50-jähriger Ex-Fußballer, der gerade acht Wochen im Gipsbett gelegen hat.
Erschöpft greife ich das erste Mal zum Handtuch und setze die Brille ab, weil sie beschlägt. Überall runde Bewegungen, dazwischen, verloren, ein runder Körper.
Jetzt geht die Post ab. Mal sollen wir in den Vierfüßlerstand, dann in die Froschstellung. Jetzt kurz in den Liegestütz springen, dann ein Bein nach vorne bugsieren, eine Hand nach oben, den Hintern in die Höhe strecken, mit den Füßen in Richtung der Hände trippeln.
»Wer mag, kann jetzt ein Bein anheben«, sagt Hannah.
Immer wenn es krass wird, fügt sie ein »wer mag« hinzu. Vielleicht auch nur für mich. Damit ich in Würde sterben kann.
Ich mag eigentlich das Bein anheben, bezweifle aber, dass das anatomisch möglich ist. Gerade als ich sicher bin, dass es unmöglich ist, machen es alle anderen.
Es gibt viele Übungen, bei denen man stehend mit gestreckten Beinen die Handflächen auf den Boden legen soll. Anfangs komme ich nur bis zum Knie, tatsächlich geht es nach jedem Ausatmen etwas tiefer.
Allerdings wird auch die Schweißlache am Boden immer größer. Ich wische sie unauffällig weg und rubble beiläufig meine Haare ab.
Das Handtuch riecht nach Fitnessstudio, dennoch bin ich heilfroh, danach gefragt zu haben. Ich versuche, es genau unter meinem Kopf zu platzieren, um weniger wischen zu müssen.
Wir sollen uns auf ein Bein stellen. Hört sich leicht an, und tatsächlich stehen alle, sogar der Strebermann, plötzlich wie Statuen im Raum.
Oberkörper nach vorne, eine Hand Richtung Decke, eine

Hand Richtung Zehenspitzen. Mir dagegen zeigt der fiese Spiegel, dass ich mich als Einziger bewege. Wobei *bewegen* vielleicht das falsche Wort ist. Ich zittere, als würde man mich mit einem Elektroschocker bearbeiten. Das nähme ich gerne in Kauf, würden mich im Gegenzug nicht mehr alle beobachten. Ich lache, als die Schleiferin wieder etwas anbietet für alle, die es mögen. Ob sie mit Nachnamen Magath heißt?

Ihr Angebot hört sich für mich etwa so an: »Wer mag, kann sich noch eine 100-Kilo-Hantel auf die nach oben gestreckte Fußsohle legen und dann auf einem Bein Kniebeugen machen.«

Um die Blicke von mir abzulenken, wische ich mir mit dem Handtuch eineinhalb Liter Schweiß aus dem Gesicht. Als ich wieder aufblicke, haben alle ein Bein senkrecht nach oben gestreckt.

»Ah, die Biellmann-Pirouette«, sage ich und freue mich über meinen Witz, aber natürlich kennt hier niemand außer mir eine Eiskunstläuferin aus den Achtzigern.

Noch mehr freue ich mich, als wir uns auf den Boden setzen dürfen. Blöderweise sollen wir dabei die Beine absurd verknoten.

»Wer mag, kann jetzt ein Bein über das andere stellen, den Oberkörper verdrehen, das Knie mit dem Ellbogen nach außen drücken und dazu *Let it be* pfeifen.«

Das mit dem Pfeifen stelle ich mir nur vor. Genau wie die zwei Sanitäter, die mich langsam auf die Trage hieven und rausbugsieren, während zwanzig Mädels und ein Strebermann ein Spalier bilden und klatschen. Genau das würde passieren, würde ich es auch nur einmal wagen, eine Wer-mag-Option auszuprobieren.

»Legt euch auf den Rücken.«
Ich bin echt gerührt, vor allem, weil mir für ein paar Momente niemand zusehen kann.
Dann sollen wir die Ellbogen abwechselnd zum gegenüberliegenden Knie führen, also quasi fiese, krumme Sit-ups machen, wie ich es nennen würde.
»Nur wer mag?«, frage ich nach.
»Nein, alle.«
Nach ein paar Sekunden brennt mein Bauch, doch es soll noch zwei Minuten lang so weitergehen. Beine ganz in die Höhe, Scherenschlag, wieder nach unten, natürlich ohne abzusetzen, das Gleiche noch mal. Und noch einmal. Ein letztes Mal. Nein, noch einmal. Es tut so weh, dass ich nicht ausschließen kann, mit einem Sixpack wieder aufzustehen.
Leider ist dem nicht so, aber ungefähr drei Kilo sind schon runter beziehungsweise im Handtuch. Es fällt mir schwer, es hochzuheben. Egal. Ich werde sowieso nicht mehr trockener, wenn ich es benutze.
Trotzdem fühle ich mich schon viel wohler. Bei jedem Blickkontakt werde ich wohlwollend angelächelt. Vielleicht werden wir alle Freunde. Beckenbodenfreunde.
Der Unterarmstand beamt mich wieder in die Realität. Cool, den mache ich zu Hause ab und zu. Na gut, nicht auf diese Weise.
»Wer mag, hebt ein Bein und einen Arm hoch!« Verdammt.
Kurze Zeit später schlägt meine große Stunde. Wir sollen uns auf den Bauch legen und mit einer Hand an den Spann des Fußes fassen. Yes, das kann ich!
Ich bin sehr stolz, versuche durch Räuspern auf mich aufmerksam zu machen.

Meister Yoga

»Wer mag, kann mit der zweiten Hand an den anderen Fuß fassen und in die Wippe gehen.«
Ich schaffe auch das mühelos. Mein Räuspern übertönt jetzt sogar die Musik. Cathy lobt mich und macht ein Foto von mir, selbst Hannah nickt mir anerkennend zu.
Wo kann man noch mal diese Fototapeten machen lassen?
Es ist ein kurzes Glück, die nächsten Übungen machen mich wieder demütig.
Gerade als ich aus Angst, mein Oberschenkelmuskel könnte reißen, mein Gesicht zu einer hässlichen Fratze verziehe, höre ich Hannah sagen: »Wer mag, schenkt sich jetzt ein Lächeln.«
Ich lache laut los, aber niemand schimpft, alle grinsen mich an. Was sind die doch lieb! Sie sind ein wenig Familie geworden, sind mir ans Herz gewachsen. Ich bin butterweich geworden. Nicht nur körperlich, ich bin randvoll mit Liebe.
»So«, sagt Cathy, »die letzten zehn Minuten werden richtig hart.«
Sofort liebe ich alles und jeden etwas weniger.
Schnell merke ich, dass sie mich angelogen hat. Entspannung ist angesagt. Hannah macht das großartig.
»Legt euch auf den Rücken, streckt die Arme seitlich aus.«
Ihre Stimme ist so angenehm, sie macht etwas mit mir. Sie sagt, wie wir atmen sollen. Alle Kraft ist aus meinem Körper gewichen, ich lasse mich voll auf ihre Ansagen ein.
»Atmet tief ein, sucht euch einen Punkt eures Körpers und atmet dorthin aus.«
Normalerweise würde ich diese Ansage belächeln, aber ich atme bis in die Fingerspitzen. Danach durch den ganzen Körper bis in die Zehenspitzen. Ich spüre nichts außer meinen Atem.

Alles fühlt sich leicht an. Oder schwer, keine Ahnung. Auf jeden Fall fühlt es sich gut an. Selbst mein Unterkiefer ist so entspannt, dass es mir Schwierigkeiten bereitet, meinen Mund zu schließen.
Jetzt sollen wir unsere Gedanken beiseiteschieben. Es ist schwer, sich darauf zu konzentrieren, sich auf nichts zu konzentrieren.
Es ist verrückt, aber es klappt. Ich bin leer, ich bin so glücklich, dass ich fast losheule.
»Seid stolz auf das, was ihr heute geleistet habt«, sagt Hannah. »Wer mag, bleibt noch kurz auf der Seite liegen und steht dann erst auf.«
Ich mag. Namaste.

ES PERLT

Es geht mich ja nix an, wenn junge Eltern ihre Kinder zweisprachig aufziehen. Wenn die Elternteile zwei unterschiedliche Muttersprachen haben, finde ich es sogar gut. Es geht mich eigentlich auch nichts an, wenn ein Elternteil ein Semester in Utah oder Liverpool studiert hat und mit dem Fratz Englisch spricht.
Aber darüber Scherze machen kann ich. Über mich lacht ja auch jeder, nur weil ich HSV-Fan bin.
Richtig gut finde ich es, wenn man Väter oder Mütter hört, die sicher nie ihren Landkreis verlassen haben.
»Go not so near to the street, Finn!«, sagte eine Mutter vor mir, und ich wäre beinahe vor Lachen selbst auf die Straße gefallen.
Gut, mein Englisch ist jetzt auch nicht viel besser, dafür habe ich Mitte der Achtziger ein Schuljahr in Frankreich verbracht. En France.
Auslandsaufenthalte waren seinerzeit noch nicht so im Trend, aber ich hatte keine andere Wahl. Seit der achten Klasse war ich in allen Haupt- und den meisten Nebenfächern sehr schlecht. Durchschnittlich hatte ich eine Fünf und sieben Vieren im Zeugnis.
Glücklicherweise hatte meine Familie gute Kontakte nach Frankreich, und ich durfte nach der 11. Klasse für zehn Monate zu unseren Freunden in die Bretagne.
Die ersten Tage waren schrecklich. Alle kümmerten sich rührend um mich, leider verstand ich kein Wort. Außerdem war

meine erste Freundin natürlich in Würzburg geblieben, und meine fränkischen Freunde erklärten mir in Briefen, wie überragend jedes einzelne Fest und jeder Diskobesuch auch ohne mich war.
Das hörte sich zwar unrealistisch an, tat mir aber trotzdem weh.
Abends weinte ich in mein Kopfkissen.
Erst am Wochenende konnte ich durchatmen. Endlich hatte ich meine Ruhe und musste nicht pausenlos auf Fragen antworten, die ich nicht verstand.
Und ich konnte mich auf den Sport konzentrieren.
Mein Gastvater Pierre-Yves spielte Tischtennis im Verein und meldete uns für ein Turnier an. Ich hatte in der Heimat auch Tischtennis im Verein gespielt, jetzt wollte ich hier meinen Frust abbauen. Für jede Träne ein Monsterschmetterball!
Leider kam ich über das Einspielen nicht hinaus. Pierre-Yves und ich hörten durchaus die Durchsagen des Hallensprechers, begriffen aber nicht, dass ich gemeint war mit »Wollkääähr Kéridel! Wollkääähr Kéridel à la table cinq!«
Somit war das Turnier für mich nach 45 Minuten ohne einen einzigen meiner gefürchteten Schnippelaufschläge beendet, und ich durfte meine Gastmutter Janine und die drei Kinder zum Grundschulfest der Kleinsten begleiten.
Cécile nahm mich an der Hand und zeigte mir ihre Schule. Sie stellte mich ihrer Lehrerin vor und führte mich durch die Verkaufsstände. Das tat gut, denn wenigstens ihre Kleinkindsprache verstand ich rudimentär.
»Tu aimes le foot. Viens avec moi!«
Okay, bei »foot« dachte ich erst an Essen, die Torwand gefiel mir aber auch ganz gut.

Ich wollte meine neue kleine Schwester stolz machen, zahlte fünf Francs und traf tatsächlich dreimal. Die Abholung meines vermeintlichen Hauptpreises gestaltete sich allerdings schwierig.

Nach einigen Minuten kapierte ich, dass erst am Abend die Preise vergeben wurden. Ich lag aber in Führung mit meinen drei Treffern.

Am späten Nachmittag gingen meine Gastgeber nach Hause, ich dagegen wollte bleiben und den Hauptpreis einheimsen. Für den zweiten Platz sollte es ein sehr schönes Frankreich-Trikot geben, der erste Preis wäre sicher noch um einiges cooler.

»Pintade« stand da an der Tafel. Hm, was konnte das sein? Irgendetwas mit Zeichnen? Ein teures Zeichenset? Das ich den Kindern schenken könnte? Oder kam das vom englischen Pint? Wertvolle Sammlergläser für den Gastvater? Auf jeden Fall würde es eine schöne Überraschung geben, für wen auch immer.

Mittlerweile hatte noch jemand dreimal getroffen. Irgendein 12-jähriger Junge. Den Pimpf würde ich im Showdown um 18 Uhr lächerlich machen.

Ich stromerte über den Schulhof, aß hier ein Stück selbst gemachten Kuchen, schaute mir dort die von den Kindern getöpferten Aschenbecher an.

Und freute mich immer mehr.

Endlich war es so weit. Es sollte einen direkten Shootout geben.

Was ich natürlich erst verstand, als ich schon gewonnen hatte. Vielleicht hätte es mich stutzig machen sollen, dass der kleine Bretone unter den strengen Blicken seiner Eltern und mit Tränen in den Augen den Ball vier Meter neben die Torwand setzte.

Doch ich wollte den Luxus-Zeichentisch unbedingt gewinnen und versenkte den ersten Schuss rechts unten.
Die Umstehenden klatschten, die Mutter meines Finalgegners flippte vor Freude fast aus, umarmte und küsste mich.
Toll, dachte ich, wie sich das mit der deutsch-französischen Freundschaft so entwickelt hat. Bis mir der Direktor der Schule feierlich einen alten Karton überreichte. Der Karton hatte Löcher. Ein Zeichentisch war da nicht drin, wohl auch keine Gläser.
Ich stellte ihn ab, öffnete ihn und sprang aus dem Stand zweieinhalb Meter nach hinten, weil ich in zwei Augen blickte.
Wie ich später durch mein Wörterbuch erfuhr, hatte ich ein Perlhuhn gewonnen. Ein lebendes Perlhuhn! Hätten sie es mir nicht gerupft und gefroren übergeben können?
Sorry, aber wie kommt man auf so etwas?
»Herr Lehrer, nehmen wir als Hauptgewinn doch ein lebendes Perlhuhn. Vielleicht kommt ein Ausländer, der nicht weiß, was *Pintade* heißt und auf jeden Fall gewinnen will. Zur Preisverleihung stellen wir uns alle dazu und schauen sein dummes Gesicht an, wenn er die Kiste öffnet. Wird bestimmt megalustig!«
Der Plan ging auf. Alle lachten Tränen, manche lagen am Boden. Meine Reaktion musste alle Erwartungen übertroffen haben.
Einige Minuten hoffte ich noch, das Ganze wäre nur ein großer Spaß gewesen, aber anscheinend war ich nun tatsächlich stolzer Besitzer eines Perlhuhns.
Na, herzlichen Glückwunsch!
Zuerst versuchte ich, es zu verschenken. Leider winkten alle ab, selbst der kleine Filou schien inzwischen ganz zufrieden mit seinem Fußballtrikot. Für mich unverständlich. Wie kann man

sich über ein Trikot ohne Raute freuen? Ich warf ihm einen verächtlichen Blick zu, dann machten wir uns auf den Weg nach Canossa.

Wir hatten beide Angst. Huhni vor mir und ich vor meinen Gasteltern. Ich hatte vor Augen, wie sie mich mitsamt Karton in den Zug nach Würzburg setzten.

Ich überlegte, das Perlhuhn auszusetzen oder den Karton einfach einem Passanten in die Hand zu drücken und wegzurennen.

Doch ich war nun berühmt, ich konnte mir nichts erlauben. Vielleicht würde mein Fragezeichengesicht am nächsten Tag auf der Titelseite der Zeitung erscheinen. Außerdem waren wir jetzt Kumpels. Die Angst hatte uns zusammengeschweißt.

Meine Familie reagierte erleichtert, als ich gegen 20 Uhr endlich klingelte.

Nein, ich hatte mich nicht verlaufen. Sogar ein Geschenk hätte ich dabei.

Wäre ich in dem Moment, in dem sie den Karton öffneten, kein nervliches Wrack gewesen, ich hätte auch meinen Spaß gehabt. Noch nie hatte ich dermaßen fragende Blicke gesehen, nur die kleine Cécile freute sich wie ein Putenschnitzel.

»Was ist das?«, fragte Pierre-Yves auf Deutsch.

»Sag du es mir«, antwortete ich. »Auf Französisch heißt es *pintade*.«

Janine und Pierre-Yves schauten zuerst sehr ernst, als ich ihnen alles erklärte. Sie verstanden aber auch, dass ich nicht unbedingt damit rechnen konnte, beim Torwandschießen ein Nutztier zu gewinnen. Sie grinsten sogar etwas.

Letztlich holte Janine das Auto aus der Garage. Ich war erleichtert, als sie nicht die Abzweigung zum Bahnhof nahm. Janines

Eltern hatten einen kleinen Bauernhof inklusive einer Volière. Dort angekommen, wurde ich wieder ausgelacht. Zum x-ten Mal an diesem Tag.

So lebte Huhni, meine Perle, fortan mit anderen glücklichen Hühnern zusammen. Immer wenn wir bei Janines Eltern waren, besuchte ich Perli. Wir waren beide glücklich, dass die Sache so gut ausgegangen war. Perli hatte schnell Freunde gefunden, ihnen war Perlis Herkunft egal.

So funktioniert Integration!

Auch für mich wurde vieles einfacher. Schon nach zwei Monaten konnte ich die Sprache ganz gut und lernte lässige Menschen kennen. Bei Tischtennisturnieren wusste ich fortan, dass ich, egal wie sie mich aussprachen, einfach an die Platte gehen musste, wenn der zweite Spieler fehlte.

Meiner Gastfamilie war es immer wichtig, dass ich alleine nie ohne Wörterbuch aus dem Haus ging.

Kurzum, ich verbrachte eine wunderbare Zeit in der wunderbaren Bretagne, ich hatte eine zweite Familie bekommen, meine erworbenen Sprachkenntnisse sollten mich später durch das Abitur bringen.

Doch irgendwann geht auch die schönste Zeit zu Ende. Ich war traurig, beim letzten Abendessen flossen Tränen.

Es gab öfter Geflügel, deshalb dachte ich mir nichts. Bis ich mein Besteck abgelegt hatte und sich alle bei mir für das Abendessen bedankten. Außer Cécile, die man vorsichtshalber nicht eingeweiht hatte.

Alle grinsten mich an. Etwas stolz war ich schon, schließlich war es das erste Abendessen, das ich selbst geschossen hatte.

Adieu, Perli!

CHT

Eigentlich nervt mich das mit den Vorsätzen für das neue Jahr.
Dieses Jahr nicht, denn mein Vorsatz lautet, nicht immer gleich genervt zu sein.
Ich will netter werden, umgänglicher, lockerer, verständnisvoller, altersweise. Ich will ein besserer Mensch werden. Ich will sympathisch werden. Nicht immer gleich aus der Haut fahren. Nur … alleine kann ich das nicht schaffen, ich brauche die Hilfe meiner Mitmenschen.
Bitte, seid so gut und esst nichts mehr in S-Bahnen, was riecht oder Geräusche macht. So wie Döner oder Äpfel.
Da helfen die besten Vorsätze nämlich nicht, da kannst du megasympathisch sein, wenn sich so ein ekliges Schwein mit einem Apfel neben dich stellt.
Wer so etwas tut, ist meist um die fünfzig, männlich und durchtrainiert. Er geht oft in die Berge und fährt täglich mit dem Rad zur Arbeit. Bei jedem Wetter, weil es kein schlechtes Wetter gibt.
Ja, denke ich, als ich ihn anschaue. Schlechtes Wetter vielleicht nicht, aber schlechte Kleidung.
»Neon schaut immer scheiße aus!«, will ich sagen.
Und schon packt er den Apfel aus und reibt ihn an seinem Ärmel sauber. Am verschwitzten Ärmel seiner versifften Goretex-Jacke.
Dann beißt er rein. Er beißt sehr laut rein. »Cht!«

Wie ich dieses Geräusch hasse. Man muss weder laut telefonieren noch laut in seinen Apfel beißen. Und man muss auch keinen Geschwindigkeitsrekord aufstellen und ultraschnell kauen.
»Cht! Cht! Cht! Cht! Cht! Cht! Cht! Cht!«
Das »Cht« wird von Mal zu Mal leiser, aber selbst beim 28. Mal Kauen innerhalb von zehn Sekunden bekommt dieser Widerling noch ein Geräusch zustande. Da ist längst alles Brei in seinem Mund, aber immer wieder höre ich kleine »Chts«. Das macht der doch absichtlich.
Er beißt wieder rein.
»Cht! Cht! Cht!«
Und wieder und wieder.
»Cht! Cht! Cht!«
Immer schneller. Er ist wie im Rausch.
Eigentlich müsste ich was sagen. So zivilcouragemäßig. Oder ihm den Apfel aus der Hand reißen und drauftreten. »Cht!«
Natürlich isst er am Ende das Gehäuse, weil es sooo gesund ist. Den Stiel steckt er in die Jackentasche. Die Sau!
»Halt! Halt! Halt!«, denken jetzt einige. »Da stimmt doch was nicht. Wenn der Typ jeden Tag mit dem Fahrrad fährt, was macht er dann in der S-Bahn?«
Glaubt ihr Korinthenkacker, dass so aus meinen Vorsätzen etwas werden kann? Ist das euer Verständnis von Achtsamkeit? Wenn ihr mir meine Unzulänglichkeiten vor Augen haltet?! Wenn ihr das Opfer zum Täter macht?!
Mein Gott, vielleicht ist mir das ja schon längst selbst aufgefallen? Vielleicht ist das aber auch nur ein Beispiel? Ein Bild?!
Glaubt ihr, jetzt, wo ich so locker geworden bin, schreibe ich den ganzen Text noch mal um?
Nein! Nix! Pfff, sag ich da, ist doch egal. Hauptsache, ich bin

sympathisch und gebe weiter wertvolle Tipps, wie ihr mir helfen könnt.

Zum Beispiel: Verbietet euren 13- bis 20-jährigen Töchtern das Reden. Ich kann ihnen ohne pulsierende Halsschlagader nicht zuhören. Wenn sie nur Unsinn erzählen und hinter jeden Satz ein »Alter« setzen.

»Alter«, sagen sie zu ihrer Freundin ...

Wenn ihnen ohne Reden langweilig ist, können sie sich überlegen, was sie später mit 20 sagen wollen. Oder was sie schreiben wollen auf Insta. Als Influencerinnen.

Ach komm, ich nehme die Jungs in dem »Alter«-Alter noch mit dazu. Die nerven mich zum einen genauso mit ihrem Gelaber, zum anderen will ich im neuen Jahr auch korrekter gendern.

Nächstes Thema: Mittelspurfahrer.

Natürlich sind Mittelspurfahrer ein alter Hut, aber es wird einfach nicht besser. Ich erkläre es lieber noch einmal. Also: Wenn die Autobahn mehr als zwei Spuren in dieselbe Richtung aufweist und ihr bis zum Horizont kein Auto seht, könnt ihr ganz lässig auf die rechte Spur fahren.

Da passiert nix, echt, ich schwör, Alter.

So muss ich nicht mehr viermal die Spur wechseln, wenn ich euch überhole. Im Gegenzug hupe ich nicht und zeige keine Mittelfinger mehr.

Also, Eselsbrücke: Keine Mittelspur, kein Mittelfinger.

Jetzt, wo ich so locker bin, bring ich das hin.

Ich verlange doch nichts Unmögliches von euch, ich bin ja kein Unmensch. Ich möchte nicht mit dem Finger auf andere zeigen.

Deshalb fahrt nicht mit diesen E-Scootern knapp an mir vor-

bei, sagt keine Wörter wie *lecker, oha* und *weird*. Zieht keine Jack-Wolfskin-Klamotten im Partnerlook an, wenn ihr die zwanzig Minuten hoch zum Kloster Andechs lauft. Die Stöcke braucht ihr auch nicht, da bin ich fast sicher. Passt auf eure Klingeltöne auf und vor allem darauf, beim WhatsAppen die Tastentöne auszuschalten. Seid etwas lockerer und regt euch nicht über alles auf. Das regt mich nämlich auf. Und ich muss aufhören, mich aufzuregen.
Eine allerletzte Bitte noch. Wenn ihr im Hugendubel einkauft, sich eine Schlange gebildet hat und ich an der Kasse stehe, gibt es einige Dinge zu beachten. Könnt ihr um Himmels willen in den fünf Minuten in der Schlange zumindest schon einmal grob überlegen, wo um alles in der Welt euer Portemonnaie sein könnte? Dann müsst ihr vielleicht nicht ganz so lange suchen, wenn ihr dran seid.
Und sagt nicht, wenn ich alles eingescannt habe, dass ihr dieses Buch und jenes lieber doch separat zahlen wollt.
Zieht nicht, nachdem ihr alles mit der Karte bezahlt habt, einen Gutschein raus, den ihr lieber doch jetzt einlösen wollt. Wenn es keine Umstände macht ...
Besteht vor allem nicht trotzdem aufs Einlösen, wenn ich euch sage, *dass* es Umstände macht.
Gut, es dauert dann so lange, dass ihr mir zwischenzeitlich erzählen könnt, was und wo die Enkelin, die momentan nicht reden darf, studiert, was euer Hausarzt zu dem fiesen Ausschlag unter euren Armen gesagt hat. Dann könnt ihr mich auch gerne noch fragen, warum es bei uns immer so lange Schlangen gibt.
Ach, ich verliere so viel Zeit. Zeit, die mir eventuell später fehlt, um einen richtig guten Text zu schreiben.

Ihr müsst gelassener werden. Sagt mir ruhig, dass der Text trotzdem mit das Beste ist, was ihr jemals gelesen habt.
Helft mir, meine Vorsätze umzusetzen.
Sagt beispielsweise: »Mensch, Volker, ich habe ein Silvesterfoto von dir gesehen. Hast du seitdem abgenommen? Du bist so konsequent in Sachen Diät, das bewundere ich an dir. Der Hammer ist, dass du trotz der fehlenden Kalorien nett und umgänglich bist, locker und verständnisvoll, fast schon altersweise. *Fast* sage ich, weil du so jung aussiehst. Du guter Mensch!«

ERST WENN

Ich bin ja aus der fränkischen Provinz nach München gekommen. Noch nicht mal aus Würzburg. Aus Rimpar, aber nicht mal Rimpar-Innendorf. Rimpar-Waldrand. Wir haben als Kinder quasi das Waldbaden erfunden. Weil wir nichts hatten – außer Wald.
Erst mit 15 oder mit 14 oder mit 13 kamen die Kneipen dazu. Der *Stauder,* der *Issing,* der *Stern,* die *Schäfere,* der *Zapf.*
Kneipen wie aus dem Western. Du betrittst den Laden, und alle schauen dich an. Kurze Zeit später musst du vor den Einheimischen tanzen, während sie ihre Colts leerballern. Aber du hast deine Rolle, und nach dem Tanzen kannst du in Ruhe dein Glas Bananenhefe trinken.
In München war das schlimmer. Du öffnest die Tür, und keiner schaut dich an. Keine Schüsse, kein Bleigeruch, gar nichts. Keiner nimmt Notiz von dir. Keiner spricht mit dir. Keiner beleidigt dich. Damit musst du erst einmal klarkommen.
Eigentlich willst du gar nicht mit ihnen sprechen. Sie unterhalten sich über Autos und Immobilien, und du weißt, dass du mit deinem guten alten Ford Taunus Sechszylinder und deiner WG nicht punkten wirst.
Es beeindruckt niemand, wenn du tanzt.
Das erste halbe Jahr war echt schlimm, bis ich mit meiner neuen Freundin das erste Mal *Die Hexe* in Gröbenzell betrat. Sie hatte sich in mich verliebt, weil ich im Fußballverein bei den Trinkspielen ganz vorne mit dabei war. Ja, Fußballverein konn-

te ich, auch wenn sie mich anfangs auslachten wegen meines Dialekts. Aber »Kloß mit Soß« hört sich nun mal besser an als »Knödel mit Fleischjus«.

Nicht mehr gelacht haben sie dann, als ich beim Weißbier-Stiefelrennen überragend performt habe und plötzlich mit der Freundin vom Spielführer zusammen war.

»Du, Volker«, sagten sie, »es wäre vielleicht besser, du würdest den Verein wechseln. Du bist sportlich nicht wirklich eine Verstärkung und menschlich gleich dreimal nicht.«

Also wechselte ich den Verein und die Kneipen und öffnete folgerichtig kurze Zeit später die Tür zur *Hexe*.

Und endlich glotzten mich wieder alle an und luden ihre Revolver durch.

Annas Freundin Ämy brach das Eis. Sie schaute mich an und meinte, ich sähe aus wie der Sänger von *NOFX*.

»English please«, sagte ich und schnippte mir eine Fluppe in den Mund.

Das war doch mal ein Start ins neue Leben!

Annas Mutter hatte anders reagiert. Ihr gefiel anscheinend meine neue, nach oben gelegte und wasserstoffblonde Frisur nicht so gut wie Ämy.

»Warum um alles in der Welt hat der so gackerlgelbe Haare?«, fragte sie nach.

Mann, ich wollte lässig wirken und sah wie ein Küken aus.

Dass sie recht hatte, kann man auf Fotos sehen, mit denen ich heute noch erpresst werde. Hätte es damals schon Internet gegeben, hätte ich den *NOFX*-Sänger googeln und hinterher gleich zum Friseur gehen können.

Im schummrigen Licht der *Hexe* sahen meine Haare wohl nicht ganz so schlimm aus, jedenfalls feierte mich Ämy.

Übermütig ging ich zu DJ Gregor und wünschte mir von *NOFX* die Coverversion von *Champs Elysees*. Er nickte nur kurz.
Geil, ich war angekommen. Auf der Getränkekarte standen Klassiker wie Rüscherl und Wodka Lemon, ich wurde mit einer Punkrock-Legende verglichen, und Gregor spielte fast alle Lieder meiner laminierten Wunschliste. Selbst für mein Lieblingslied *Der Teufel und der junge Mann* von Paola war er sich nicht zu schade und sang höflich mit.
Ich hatte meine Lieblingskneipe gefunden, neue Freunde auch schnell.
Da gab es Detti, mit dem man viel trinken konnte und wenig reden musste. Mit Eisi erreichte das Schafkopfen eine neue Dimension. Es war Live-Kabarett vom Feinsten, wenn er sich mit seiner Freundin stritt wegen eines nicht geschmierten Gras-Königs.
Überhaupt waren die Leute hier meinen Freunden in Würzburg sehr ähnlich. Doch anders als in Würzburg, wo letztlich die meisten meiner Leute wegzogen, verließ hier keiner den Dunstkreis der *Hexe*.
Warum auch? Auch ich würde hier bleiben.
Warum sollte man sich in einer anderen Stadt schief ansehen lassen, wenn einem hier beim Platznehmen direkt dein Lieblingsgetränk ohne Bestellung in die Hand gedrückt wird?
Warum sollte man auch nur nach München reinfahren, wenn hier Bands wie *Schandmaul*, die *Mariachis* oder *Zwoa Bier* spielen?
Wenn man immer jemand zum Quatschen findet und die Bedienungen irgendwann am Abend allesamt Model-Qualitäten aufweisen?

Erst wenn

Wenn es einen Kicker und einen Flipper gibt?

Wenn Tini hier für Kultur sorgt, einen Poetry-Slam aufzieht und einem somit das Tor zur Weltspitze der Literatur weit aufstößt?

Wenn dich immer jemand heimbringt, falls der Schwips doch krasser ist als zunächst angenommen?

Wenn hier doch eher über Fußball, über Musik und übers Feiern gesprochen wird als über Hedgefonds und Solaranlagen? Zumindest früher, bevor dann all die Yuppies kamen.

Die Hexe ist ein Hort der Glückseligkeit. Sie ist Wohnzimmer, Küche, Terrasse und manchmal auch Schlafzimmer. Sogar auf der Toilette bin ich glücklich. In den Pissoirs hängen immer irgendwelche Kügelchen, die man durch seinen Strahl in Tore bugsieren kann. Eine gute Kneipe braucht keinen Innenarchitekten, sie braucht Herz. Und diese Kügelchen.

Und plötzlich kommt einer und will dieses Herz heraus- bzw. abreißen. Damit es endlich wieder einmal Wohnungen gibt für Leute, die kein Herz brauchen. Was sie brauchen, ist der 24. Friseur und der 18. Dönerladen. Sie möchten nicht so weit gehen, um sonntags ihre Aufbacksemmeln zu kaufen. Bevor sie mit ihren E-Bikes in den Hirschgarten und nach Stunden mit einer Radlermass intus wieder nach Hause fahren. Weil sie einfach zum *Tatort* wieder zurück sein müssen.

»Das ist unser Sonntagabend-Ritual. Dazu bügle ich gerne. Während Wolfgang noch mal seine Präsentation durchgeht.«

Diese Menschen kennen *NOFX* nicht, sie haben noch nie einen Cola-Asbach-Stiefel getrunken. Für sie ist das Pissoir ein Ort der Notdurft, kein Ort der Freude. Sie haben nicht mit der Wimper gezuckt, als die *Schwabinger 7* geschlossen hat oder das legendäre *Café Flori*.

»Das kenn ich gar nicht«, sagen sie. »Wenn ich mal in Schwabing weggehe, dann nur ins *Riva,* da bekomme ich meinen Lieblings-Latte. Am liebsten sitze ich am Fenster, da kann ich mein Auto anglotzen.«
Ich wünsche anderen nichts Böses, auch wenn ich sie ätzend finde. Und doch hoffe ich, dass sie irgendwann auch mal Lust auf einen Hauch von Sternschanze, einen Hauch von Kiez haben werden.
Wenn sie also so etwas wie *Die Hexe* bräuchten.
Wenn die Kinder aus dem Haus sind und sie so viel Geld haben, dass sie nicht mehr überlegen müssen, wie sie es am besten anlegen könnten.
Wenn sie einfach mal Bock haben, fünf bis elf Bier zu trinken und über Belangloses zu reden, wenn sie einfach mal Spaß haben wollen.
Wenn sie bis zur Sperrstunde am Tresen sitzen möchten und ihnen das Meeting am nächsten Tag egal ist.
Wenn sie kickern wollen, auch wenn sie es nicht können.
Wenn sie sich ihren Partner schöntrinken wollen.
Dann werden sie aus dem Haus gehen, sich umsehen und es merken.
Dass die letzte gute Kneipe schon lange ihre Pforten geschlossen hat und dass man in Handyläden nicht saufen kann.

TANZ MIR EIN GEDICHT

Eine Genossenschaft bezeichnet den Zusammenschluss mehrerer Personen zur wirtschaftlichen und sozialen Förderung der Mitglieder durch gemeinschaftlichen wirtschaftlichen Geschäftsbetrieb.

Ich wollte schon immer wissen, wie das in der Praxis aussieht. Warum sich niemand aufregt, wenn jemand einfach zu wenig tut in der Gemeinschaft. Gerade so viel, dass er nicht rausfliegen kann, aber eben doch nicht genug. Ich würde es hassen, wenn einer fauler ist als ich. Das ist rein hypothetisch, weil man den lange suchen müsste. Vermutlich wäre dieses Modell für mich nicht sonderlich geeignet.

Ich freute mich dennoch über die Möglichkeit, mir eine Art Kunst-für-alle-und-zugleich-Wohnungsgenossenschaft anzusehen. Diesen Leuten scheint es wichtig zu sein, allen Mitgliedern und sogar Nicht-Mitgliedern ein möglichst großes Kulturspektrum anzubieten.

So auch an diesem Abend, an dem Musik, Tanz und Bühnenliteratur auf dem Programm stand. Einige der Auftretenden waren Freunde von mir, was sollte also passieren?

Auf meiner Stirn stand ja nicht »Fauler Typ, der euer System anzweifelt und schlimmstenfalls sogar eine Geschichte über euch schreibt«. Aufgeregt war ich trotzdem, zumal ich vor meinen Freunden am Veranstaltungsort eintraf.

Was, wenn sie erkannten, dass mir Fußball und Bier sehr wichtig sind? Dass Kultur und Soziales bei mir hintenanstehen?

Ich hatte mir coole, verwachsene Wohnungen und eine alte graffitibeschmierte Fabrikhalle als Location vorgestellt. Angekommen war ich in einer Betonwüste aus seelenlosen, mehrstöckigen Wohnhäusern, zudem hatte es knackige 35 °C. Kaum Bäume, wirklich nur Beton, wohin man auch blickte.

Ein idealer Drehort für das Remake von *Uhrwerk Orange*. Ich hätte mich nicht gewundert, wenn Alex und seine Droogs mit Stöcken oder Steinen auf mich losgegangen wären.

Immer, wenn ich mich unsicher fühle, stecke ich mir eine Zigarette an. Auch jetzt. Weil da tatsächlich ein Aschenbecher herumstand.

Kurze Zeit später kam der Organisator auf mich zu und erklärte mir, man solle, wenn man schon rauchen müsse, mindestens zehn Meter von den Häusern weggehen. Der Rauch würde durch die Ritzen in den Konzertsaal eindringen und hoch zu den Balkons der Anwohner ziehen. Kein Thema, ich verzog mich und fand tatsächlich einen Quadratmeter Schatten.

Hektisch rief ich Mary an, eine befreundete Poetry-Slammerin, die nachher performen sollte. Sie solle sich beeilen, ich hätte Angst.

Ein paar Minuten später gesellte sie sich zu mir und sah sich um.

»Wir brauchen Bier. Jetzt!«, sagte sie knapp.

Eine prima Idee, ich ging sofort rein an die Bar. Der Saal strahlte den Charme einer Turnhalle aus. Alles neu, aber nicht einladend. Quasi die Schalke-Arena der Kleinkunst.

Noch etwas weniger Charme besaß nur die Barfrau.

Ich fragte nach, was es denn bitte zu trinken gäbe, und sie zählte mir original nur die alkoholfreien Getränke auf. Vielleicht hätte ich mich geschlagen gegeben, hätte ich nicht die Proseccoflaschen im Kühlschrank gesehen. Auf Nachfrage knallte sie mir eine Getränkekarte vor den Latz. Ich suchte total überraschend zwei Bier aus.

»Alkoholfreies Bier?«, hakte sie nach, ohne wenigstens dabei zu grinsen.

»Nein«, sagte ich lachend, obwohl sie mich jetzt schon brutalst nervte. Große Freunde würden wir wohl nicht werden.

Mary und ich setzten uns mitten auf eine Art Marktplatz in der Nähe, wo man keck auf riesigen, alten Kabeltrommeln Platz nehmen konnte. Eine tolle Idee, eine liebevolle Zweitverwertung! Es tat zwar weh, darauf zu sitzen, doch die Freude, die Welt ein wenig zu retten, überwog.

Das Bier war mittelkalt, aber Hauptsache die 250 trüben Apfelschorlen und Club-Mates hatten in die beiden Kühlschränke gepasst.

Unsere Laune besserte sich dennoch, wir unterhielten uns und blinzelten in die Sonne. Die Umstehenden musterten mich verächtlich, als ich eine rauchte. Schließlich spielten in hundert Metern Entfernung zwei Kinder. Was, wenn der Wind schlecht stünde und der Rauch zu ihnen zöge?! Nicht auszumalen! Ich würde meines Lebens nicht mehr froh werden.

Keine fünf Sekunden nachdem ich meine Zigarette am Boden ausgedrückt und nicht sofort aufgesammelt und im mitgebrachten Reiseaschenbecher verstaut hatte, stand ein Mann vor mir. Bestimmt hatte die Barfrau uns beobachtet und ihn geschickt.

»Es mag sich spießig anhören, aber kannst du die Kippe bitte in den Müll werfen?«, sagte er so höflich und zugleich unsympathisch wie möglich.

»Wo denken Sie hin, mein Herr?«, säuselte ich zurück. »Ich

weiß so gut wie Sie, dass eine in der Natur zurückgelassene Zigarette vierzig Liter Grundwasser verseucht. Natürlich werde ich sie fachgerecht entsorgen. Natürlich!«

Wir gingen rein. Es war jetzt schon klar, dass wir viel mehr Bier trinken mussten.

Mein Herzblatt an der Bar hatte inzwischen Verstärkung von einem Mann bekommen. Mary bestellte bei ihm zwei Bier und bekam ohne weitere Fragen zwei Bier in die Hand gedrückt. Verrückte Welt!

Wir nahmen Platz, eine Tänzerin trat zuerst auf. Sie hatte während der Begrüßungsworte des Organisators zusammengekauert auf der Bühne gesessen und erwachte dann zum Leben. Und wie!

Ich brauchte eine Weile, bis ich kapierte, dass sie ein Gedicht vortanzte. Über die Lautsprecher hörte man das sicherlich von ihr selbst eingelesene Gedicht, sie bewegte sich dazu. Alleine und zweifelsohne nüchtern ein Gedicht vortanzen, das nenne ich mutig. Mir bereitet es schon ein mulmiges Gefühl, mich angetrunken auf der vollen Tanzfläche zu *New Model Army* zu bewegen.

Bestimmt machte sie das technisch und künstlerisch gut, aber mir wurden auch schon technisch gut Zähne gezogen.

Die Zuschauer saßen wie gebannt auf ihren Stühlen, die Augen glänzten vor Begeisterung. Aber warum? Gefiel ihnen das wirklich oder fühlten sie sich verpflichtet, das gut zu finden?

Mir war klar, dass ich mich benehmen musste, wenn ich noch etwas trinken wollte an diesem Abend. Deshalb versuchte ich den Blickkontakt mit Mary zu vermeiden.

Sie gluckste so vor sich hin und murmelte unablässig: »Wir brauchen Schnaps, ich will Schnaps.«

Mein Bier war leer, Mary musste gleich auftreten und wollte ein Wasser, also wagte ich noch einmal den Weg an die Theke. Ich bestellte beim Hausbardrachen folglich ein Bier mit Alkohol(!) und ein Wasser.
»Mit oder ohne Kohlensäure?«, hakte sie nach, wahrscheinlich um Zeit zu gewinnen und mich aus dem Konzept zu bringen.
»Beides mit«, antwortete ich und kramte nach Geld.
Als ich wieder aufschaute, standen ein Wasser und eine Apfelschorle vor mir. Ich verhielt mich professionell, wandte mich an ihren Mann und ertauschte mir ein Bier. Das gefiel ihm, man tauscht ja gerne in einer Genossenschaft.
Nach Marys Auftritt, den ich kapierte und gut fand, ging es endlich zum Rauchen in die Pause. Fünf Leute stürmten zu einer Bank, die selbstverständlich zehn Meter vom Eingang entfernt stand, und zündeten sich eine an, alle erst einmal in sich gehend und über das Erlebte nachdenkend.
Ich zuckte zusammen, als der Organisator in die Stille sprach:
»Ihr müsstet leider weiter als zehn Meter weggehen, wenn mehr als zwei rauchen.«
Sonst käme der Rauch nämlich trotzdem bei den Balkons an.
Ich drückte meine Zigarette aus, so machte das keinen Spaß.
»Wohnen hier denn keine Leute, die auf ihren Balkons rauchen?«, wollte der Tontechniker wissen, der anscheinend auch zu Gast war.
»Nein, hier wohnen nur rücksichtsvolle Raucher.«
Der Chef schaute uns so böse an, dass wir uns beinahe aufgerafft hätten, eine Entschuldigung zu tanzen.
Das restliche Programm verlief ohne Zwischenfälle, meine befreundeten Musiker lieferten gut wie immer, Überraschungen

blieben aus, mein Bier ließ ich mir lieber mitbringen, zu sehr war ich eingeschüchtert.

Kurz vor dem Ende nahm ich allen Mut zusammen. Es würde mir guttun, mich meinen Ängsten zu stellen. Jeder Therapeut und auch alle Anwesenden würden mir dazu raten. Ich musste nicht nur mich, sondern auch mein inneres Kind befreien. Mich mehr lieben, mehr Selbstvertrauen aufbauen. Die Konfrontation würde mich weiterbringen, Blockaden lösen.

Vielleicht würde es gar nicht so schlimm werden. Wahrscheinlich würde mir die Dame augenzwinkernd das Bier und die Weinschorle, die ich bestellen wollte, aushändigen. Bestimmt hatte sie mich den ganzen Abend nur auf den Arm genommen, sicher hatte auch sie Sinn für Humor.

»Weißwein ist aus!« Sie wurde laut.

»Okay, kein Problem, dann nehme ich stattdessen ein Glas Prosecco.«

»Ein Glas Prosecco, kein Problem«, mischte sich der Barmann deeskalierend ein und ging zum Kühlschrank.

Doch er hatte die Rechnung ohne seine Frau gemacht.

»Das geht nicht, Wolfgang, da müssten wir eine neue Flasche öffnen.«

Wolfgang verdrehte die Augen und schaute mich beschwichtigend an.

»Gut, dann nehme ich nur das Bier.«

Ich mochte Wolfgang, wollte keinen Eklat und gab ihr einen Zwanni.

Sie gab mir 18 Euro zurück mit den Worten: »Hier, einmal Geld wechseln.«

Ich schloss kurz die Augen und sah einen Tropfen, der in ein randvoll gefülltes Fass fiel. Es schwappte etwas Wasser raus.

Tanz mir ein Gedicht

Weil ich nicht immer alles in mich reinfressen kann, aber dennoch ein gemäßigter Mensch bin, beugte ich mich zu ihr rüber und sagte ganz ruhig: »Was stimmt nicht mit Ihnen? Warten Sie kurz, ich weiß es. Sie hassen es, Geld zu wechseln und alkoholische Getränke auszuschenken. Es mag unverständlich für Sie sein, aber ich mag Bier. Dass Sie auch ohne Alkohol lustig sein können, sehe ich. Mich macht er bis zu einer gewissen Menge glücklicher und lockerer, ich habe dann einfach mehr Spaß. Das mag arm sein, ist aber so. Außerdem habe ich kein Geld gewechselt, sondern ganz einfach mit einem 20-Euro-Schein bezahlt. Richtig, es waren 20 Euro, nicht 500. Den ganzen Abend habe ich mit Kleingeld bezahlt, und Ihre Kasse ist voll damit. Nicht zuletzt wegen mir und meines Durstes. Damit es Ihnen aber noch besser geht, bekommen Sie jetzt diese drei Euro als Trinkgeld. Weil ich Sie lieb gewonnen habe. Tschüss!«

Eine halbe Stunde später saßen Mary und ich im *Vereinsheim Schwabing* und tranken Schnaps. Zum Rauchen ging ich nicht nur raus, sondern wechselte die Straßenseite.

Ich erschrak jedes Mal, wenn uns der Kellner zwei Pils hinstellte, wenn wir zwei Pils bestellt hatten. Ebenso, als ich am Ende mit einem 50-Euro-Schein bezahlte, er mir einfach so das Wechselgeld aushändigte und sich sogar noch bedankte.

Ich umarmte ihn lange, dann tanzte ich vor Freude. Innerlich.

SCHLIMM

Gleich nach dem Aufwachen merke ich es. Ich bin krank. Nicht nur ein bisschen Schnupfen, ich bin voll erkältet. So richtig! Der Hals tut weh. Die Augen tränen. Mir ist kalt. Und heiß. Auch der Kopf schmerzt. Alles schmerzt.

Eigentlich ist es unmöglich, aber ich stehe auf. Vielleicht kann ich es bis zum Arzneischrank schaffen. Viele würden in meiner Situation umgehend die Nummer des Notarztes wählen, hätten sie noch die Kraft dazu. Von Neymar gar nicht zu reden.

Ich jammere nicht um des Jammerns willen, sondern weil es schlimm um mich steht.

Jedes Mal schäme ich mich fremd, wenn sich alte Menschen gegenseitig von ihren Krankheiten erzählen. Das ist ultrapeinlich.

Deswegen werde ich im Alter – sollte ich diese Geschichte überleben – ein Wartezimmer nur im größten Notfall aufsuchen. Dort werde ich auf die Zähne beißen und meine Leiden herunterspielen.

»Ach, alles halb so wild«, werde ich sagen, »wird schon wieder!« So werde ich den Mimosen den Wind aus den Segeln nehmen und Optimismus verbreiten.

»Ja«, werden sie antworten, »du hast leicht reden, du hattest ja in frühen Jahren schon alles!«

Es regt mich selbst auf, wenn ich meine Gebrechen immer öfter zum Thema mache. Und mein Alter.

Mensch, werdet ihr sagen, du bist doch in den besten Jahren! In der Blüte deines Lebens. Warte du mal, bis du vierzig bist! Nüchtern betrachtet bin ich krank geworden, weil es von einem auf den anderen Tag statt 35 °C urplötzlich nur noch 25 °C warm war und ich ohne Jacke aus dem Haus gegangen bin. Das kann es doch auch nicht sein.

Früher bin ich nach dem Fußballtraining selbst im Winter mit nassen Haaren und dem Fahrrad nach Hause gefahren und habe an der Haustür die Eiswürfel aus den Haaren geschüttelt. Mein erstes Tempo-Taschentuch habe ich mit fünfunddreißig gekauft, Krankheiten kannte ich nur vom Hörensagen.

Eventuell bin ich dieses Mal krank geworden, weil ich körperlich am Ende war.

Die letzte Woche war fürchterlich für mich. Fürchterlich für mich, das reimt sich. Wenigstens in Sachen lyrischer Kraft bin ich noch voll im Saft. Kraft! Saft! Weltklasse!

Die Woche war deshalb fürchterlich, weil ich dreimal Sport gemacht habe.

Und kein einziges Mal war ich danach froh, Sport gemacht zu haben.

Das erste Mal war es nicht mal Sport.

Es war ein Altherren-Bergwandern mit meiner Lesebühne. Die anderen »Sportler« waren ein durch und durch verkopfter Geisteswissenschaftler mit ebensolcher Figur, ein Professor mit Brille und wenig Haaren, außerdem ein erfolgreicher Landarzt, der nicht mehr so sehr auf sein Äußeres achtgeben muss.

Klar hatte ich am Vorabend aus Versehen acht Bier getrunken, aber diesen Spaziergang hätte ich sogar dann locker schaffen müssen, wenn ich während des Wanderns noch mal acht Bier getrunken hätte.

Anfangs lief es und auch ich gut. Mir war so schlecht, dass ich wenig sprach und mich auf jeden Schritt konzentrierte.
Ab der Hälfte bekam ich Probleme, und das letzte Viertel war die Hölle. Es half mir weder, dass die drei unsportlichen Akademiker an mir vorbei- und davonzogen, noch, dass mich dieses Mädchen beim Überholen auslachte. Sie hatte einen Rucksack auf dem Rücken, der vermutlich mehr wog als sie selbst.
Ich kam auf der Hütte an, als die anderen schon umgezogen waren und die Vorspeise vor sich stehen hatten.
Egal, ich konnte eh nichts essen. Ich konzentrierte mich darauf, wieder zu etwas Luft zu kommen, und darauf, drei Spezi zu exen. Wahrscheinlich hätte ich auch 27 hintereinander geschafft, aber die Bedienung lachte mich sowieso schon aus. Eigentlich lachten mich alle aus.
Bald drängte ich zum Aufbruch. Runter ging es einigermaßen, dafür kam ich am nächsten Morgen vor Schmerzen und Selbstmitleid kaum auf die Beine. Ich könnte heute noch heulen, wenn ich nur daran denke.
Auch wenn ich an das Tennisspiel ein paar Tage später denke. Beim Grillen hatte ich mit meiner Nachbarin ausgemacht, mal gegeneinander zu spielen. Jetzt wollte ich das in den Bergen verlorene Selbstwertgefühl zurückholen.
Das klappte eher so mittel.
Klar hatte sie etwas von Verbandsliga erzählt, und ich bin Hobbyspieler, aber hey, als Jugendliche haben wir jeden Tag, den wir in der Schule blaugemacht haben, auf dem Tennisplatz verbracht. Und wir hatten oft keine Lust, in die Schule zu gehen. Das hat nichts mit Chauvinismus zu tun, sondern mit gesundem Selbstvertrauen. Sie hat das wohl auch, schließlich waren wir beide sicher, das Match zu gewinnen.

Schlimm

Schon nach dem Einspielen war ich fertig. Ich wollte nie mehr rauchen und zukünftig viel mehr Sport treiben. Nach dem Spiel wollte ich nie mehr Sport treiben. Es war so ein Hase-und-Igel-Spiel, immer stand sie schon da, wo mein Ball hinkam. Vor jedem Aufschlag versuchte ich, durch das Säubern der Grundlinie Zeit zu schinden, um wieder zu Kräften zu kommen. Noch nie gab es in Bayern eine weißere Grundlinie. Um es so kurz wie meine Nachbarin zu machen: Ich verlor circa drei Kilo und das Match 3:6 und 3:6.

Auf der Heimfahrt konnte ich vor Erschöpfung nicht sprechen, sie dagegen teilte mir gut gelaunt mit, dass sie mir nicht zugetraut hätte, so viele Spiele zu machen.

Danke für dieses tolle Kompliment!

Mein Muskelkater die folgenden Tage brachte mich um. Ich beschloss, ihn wegzutrainieren, weil ich dieses Bouldern unbedingt mal ausprobieren wollte. Eine klasse Idee!

Schon vorher hatte ich leise Zweifel, ob Bouldern für einen 90-Kilo-Mops ohne nennenswerte Muskeln und mit der Beweglichkeit einer Statue der ideale Sport wäre. In der Halle befanden sich dann auch circa 50 drahtige, katzenartige Menschen ... und ich.

Sogar mein 13-jähriger Sohn, dessen Vorbild ich eigentlich sein sollte, schaffte zwei Schwierigkeitsstufen mehr als ich. Meine Routen musste ich nur mit ein paar vierjährigen Mädels teilen, die allerdings genervt stöhnten, weil ich immer ewig brauchte, meinen unansehnlichen Körper irgendwie nach oben zu quälen. Die Erwachsenen schauten mir ungläubig aus den Augenwinkeln zu. Und grinsten viel. Erzählte mir hinterher mein Sohn. Er hätte sich sehr geschämt, sagte er.

»Ich mich auch!«, rief ich. »Ich mich auch!«

Was ist denn das für ein Leben, wenn man nichts mehr kann?
Wenn man nichts kann und einem trotzdem danach alles wehtut?
Wenn man nichts kann, einem alles wehtut und man dann vom geringsten Luftzug krank wird?
Wenn dir nichts mehr geblieben ist – außer Schmerzen?
Ich hasse es zu jammern, aber was soll ich tun?
Mehr Sport treiben?
MITNICHTEN!
Ich werde ab jetzt nur noch das tun, was den anderen wehtut:
DICHTEN!

MENSCHEN HASSEN

Vor ein paar Wochen habe ich bei einem Poetry-Slam im Lustspielhaus einen Mann erlebt, der als zufälliges Jurymitglied einer jungen Frau für einen Text, der mir gut gefallen hat, von möglichen 10 Punkten nur 4,3 Punkte gegeben hat. Natürlich ist das sein gutes Recht, und jeder Mensch empfindet anders, aber wenn man einen Funken Anstand besitzt, kann man in diesem Fall auch 7 Punkte geben. Das würde als Ohrfeige reichen.
Im Nachgang dieser Veranstaltung habe ich mir das Leben dieses Mannes vorgestellt. Nennen wir ihn Hermann.

Hermann steht auf. Wie eigentlich immer mit dem falschen Fuß. Er hat sehr gut geschlafen, ist aber extrem schlecht gelaunt. Seine Laune müsste sich normalerweise gleich etwas bessern, denn seine schlechte Laune ist wichtig für das Erreichen seines Tagesziels. Was sich kompliziert anhört, ist ganz einfach: Er möchte auch möglichst vielen anderen Menschen die Laune verhageln.
Hermann hat recht viel Geld, aber wenig soziale Kontakte. Nachdem sich seine Frau von ihm getrennt hatte, sind ihm peu à peu auch die Freunde abhanden gekommen. Zuerst die, die sich nicht sofort auf seine Seite geschlagen haben. Später auch jene, die ihn auffangen wollten. Die ihm rieten, nach vorne zu blicken und nicht immer Silvia die ganze Schuld an allem zu geben. Die ihn einfach nicht mehr ertrugen.

Mit Kritik kann Hermann nicht umgehen, sei sie auch noch so sachlich und konstruktiv. Wer wie er aus dem Nichts und aus nichts eine Agentur mit mittlerweile fünf Angestellten aufgebaut hat, braucht keine klugen Ratschläge. Kompromisse, sagt er, seien der erste Schritt zur Selbstaufgabe. Seine Agentur läuft gut, aber viele Firmen arbeiten nur einmal mit ihm. Es brauche ihm kein Kunde zu sagen, wie er seinen Job zu erledigen habe. Oder Wünsche zu äußern oder großartig eigene Ideen einbringen zu wollen.
Friss oder stirb, das bringt es ganz gut auf den Punkt. Ja, dieses Selbstvertrauen hat er.
»Der Kunde kommt doch zu mir, weil er etwas von mir will. Weil er es selbst nicht kann. Und dann labert er mir noch rein. Sind wir hier bei *Wünsch dir was?*« Wenn er so etwas sagt, huscht auch mal ein Lächeln über sein Gesicht. Er ist dann stolz auf sich. Er könne locker ein Buch mit Lebensweisheiten schreiben. Und er könne nicht garantieren, dass es kein Bestseller wird. Sagt er manchmal, wenn ihm jemand zuhört. Was immer seltener passiert, weil er auch niemandem zuhört. Schon lange nicht mehr. Sonst hätte er eventuell bemerkt, dass seine Frau nicht mehr glücklich ist. Wobei nicht *mehr* Quatsch ist.
Anfangs hatte er sie noch beeindruckt. Er konnte viel reden und bemühte sich, Silvia zu unterhalten. Besonders in den letzten Jahren wiederholten sich jedoch seine Geschichten. Wenn er überhaupt noch welche erzählte.
Er konzentrierte sich vor allem darauf, über alles und jeden zu schimpfen. Auch über sie.
Mehrmals hatte sie schon angekündigt, sich zu trennen, aber das überhörte Hermann gerne. Schließlich ermöglichte er ihr dieses komfortable Leben. Sie war Bürokauffrau, was peinlich

genug ist, und durch ihn konnte sie zu Hause bleiben und musste allenfalls etwas Buchhaltung erledigen.

Dabei war er sich nicht zu schade, sie die Quittungen aus Table-Dance-Bars und Puffs vorkontieren zu lassen. Sie konnte sich nicht vorstellen, dass er Kunden dazu einlud, aber das war ihr auch egal. Solange er sie nicht anfasste. Und solange er sie nicht ausführte. Sie schämte sich wirklich oft für ihn, aber in Restaurants war es am schlimmsten. Da ließ er den neureichen Vorstadtassi am meisten raushängen.

Selbst wenn sie den perfekten Service genossen, brachte er jede noch so coole Bedienung aus der Fassung. Fehlte dem Bier auch nur ein Millimeter bis zum Eichstrich, ließ er sich nachschenken. Sie hoffte jedes Mal inständig, der Millimeter würde mit Spucke aufgefüllt werden.

Zudem bestellte Hermann kein Gericht so, wie es auf der Karte stand. Auch nicht, wenn es ihm so besser geschmeckt hätte als nach der umfangreichen Umbestellung. Er vermied es, Danke und Bitte zu sagen. Warum sollte er sich für etwas bedanken, was er bezahlte? Sehr teuer bezahlte, wie er fand.

Im Puff schien es ihm nichts auszumachen, mehrere Hundert Euros abzudrücken, aber bei 3,90 Euro für die Halbe mochte er sich übelst aufführen.

Den Vogel schoss er beim letzten gemeinsamen Abendessen ab. Sie saßen in einem schnuckeligen Biergarten in Schwabing. Es war einer der letzten lauen Sommerabende und dementsprechend sehr voll.

Leider hatten die Kollegen den einzigen Ober im Stich gelassen, weshalb er zur Begrüßung kurz an ihren Tisch trat. Er war sehr ehrlich: »Wegen zwei Krankheitsfälle bin ich heute alleine im Service, und ich arbeite zum ersten Mal hier. Ich bin komplett überfordert, und wenn ihr wenig Zeit mitbringt und Hunger habt, empfehle ich euch, woanders hinzugehen.«

Sie hatten alle Zeit der Welt mitgebracht, dennoch stand Silvia sofort auf mit dem Vorhaben, die Katastrophe abwenden zu können. Aber sie hatte die Rechnung ohne den Wirtshausgast gemacht. Diesen Elfmeter konnte sich Hermann nicht entgehen lassen.

»Kein Problem«, sagte Hermann, und Silvia wusste, dass das Verständnis ihres Mannes geheuchelt war. Er freute sich mehr über einen schlechten Service, als tadellos bedient zu werden.

Unnötig zu erwähnen, dass er das erste Bier zurückgehen ließ und die Essensbestellung so kompliziert wie möglich machte. In der Hoffnung, einer der Sonderwünsche würde nicht nach seinem Geschmack erfüllt werden.

Der Ober war bewundernswert. Er blieb stets freundlich und gab alles. Schade, dass dieses Gastrotalent wahrscheinlich nie mehr als Kellner arbeiten würde. Wenn er diesen Abend überhaupt überlebte. Er tat Silvia leid, sie lobte ihn bei jeder Gelegenheit und beschwichtigte Hermann. Ohne Erfolg.

Der genoss seine Macht und ergriff jede Chance, dem Ober ein Inferno zu bereiten oder ihm zumindest die Tränen in die Augen zu treiben. Hermann beschwerte sich in einer Tour, schnipste unaufhörlich mit den Fingern, wurde laut und schüttelte theatralisch den Kopf.

Silvia feierte das Mädchen vom Nachbartisch, das herüberkam, sich vor Hermann aufbaute und wortwörtlich drohte, ihm persönlich die Eier herauszureißen, wenn er sich nicht sofort benehmen würde. Falls er überhaupt Eier hätte. Gegenwind war Hermann nicht gewohnt. Er rief energisch nach dem Kellner und verlangte die Rechnung.

Als er nur 20 Cent Trinkgeld gab, entschied Silvia endgültig, sich zu trennen. Außerdem hätte sie, als sie sich noch kurz frisch machte, dem Ober danach am liebsten ihre Handynummer zugesteckt. Weil dieser zuvor abermals Klasse bewies, einen 10-Euro-Schein und ein 20-Cent-Stück aus dem Geldbeutel zog und sprach: »Von Ihnen nehme ich kein Trinkgeld an, auch wenn es sehr großzügig bemessen war. Und hier haben Sie noch 10 Euro, die können Sie das nächste Mal als Trinkgeld geben. Auch wenn Sie nicht hundertprozentig zufrieden waren. Schönen Abend noch.«

»Geht doch«, brachte Hermann noch trotzig, aber sichtlich angeschlagen hervor, bevor sie überhastet aufbrachen.

Silvia trennte sich noch in der Nacht.

Seitdem Hermann solo ist, ist er noch ekelhafter geworden. Obwohl eigentlich keiner mehr etwas mit ihm zu tun haben will, mag er sich. Zudem hat er ein neues Hobby gefunden. Partycrasher kann er nicht mehr sein, weil er nie eingeladen wird, also hat er sich darauf spezialisiert, Kleinkunstveranstaltungen zu crashen.

Einmal war er unabsichtlich Gast einer dieser aus dem Boden sprießenden Lesebühnen. Unter dem Deckmäntelchen der Literatur verbreiten diese Gute-Laune-Onkels und -Tanten trashige Schenkelklopfertexte, und der dummen Menschheit gefällt es. Einzig einige der Gäste, die – wie Hermann – während der gesamten Veranstaltung keine Miene verzogen, machten ihm Spaß.

Seitdem setzt er sich sehr gerne in die erste Reihe und schaut ernst. Selbst bei witzigen Texten huscht ihm kein Lächeln über das Gesicht. Nicht einmal dann, wenn er, was zugegebenermaßen sehr selten vorkommt, eigentlich selbst laut loslachen

könnte. Dabei versucht er, Augenkontakt zum Künstler herzustellen, um diesen zu verunsichern. Gerne gibt er während des Vortrags Kommentare ab. Am meisten freut er sich, wenn er angesprochen wird. Oft fragen dann die Künstler, ob er keinen Spaß habe.
»Natürlich nicht«, antwortet er sichtlich selbstzufrieden, »weil Sie mich nicht unterhalten. Wann ist denn Pause?«
DAS ist für ihn Humor. Natürlich geht er in der Pause nie nach Hause, er mag es, gehasst zu werden. Außerdem hat er Eintritt gezahlt. Acht Euro, was er unanständig teuer findet für das Gebotene.

Heute ist ein ganz besonderer Tag. Er hat einen Poetry-Slam gefunden, bei dem eine Publikumsjury über Wohl und Wehe der Auftretenden entscheidet. Hermann möchte für das Wehe zuständig sein. Um sicher in diese Jury zu kommen, ist er sehr früh vor Ort. Hat er den Wertungsblock endlich in der Hand, schaut er sich gerne am Künstlertisch um. Er fühlt sich besser, wenn er im Vorfeld schon weiß, wen er vernichten will. Dieses Mal hat er sich eine junge Frau ausgesucht. Er spürt das Adrenalin in seine Adern schießen, als sie eine Stunde später endlich die Bühne betritt.
Ihr Text ist sehr gut, alle anderen Jurymitglieder geben durchschnittlich 8,5 Punkte von 10.
Hermann wählt die 4,3. Das Publikum rastet aus, er jedoch genießt das Pfeifkonzert. Alle im Saal, inklusive Hermann, wissen, dass das Mädchen maximal 50 Euro dafür bekommen hat, um aus einer anderen Stadt anzureisen und mitzuhelfen, den Leuten einen schönen Abend zu bereiten.
4,3 sind dafür ein Schlag ins Gesicht.

Silvia hat Hermann gebrochen, indem sie Schluss gemacht hat. Jetzt will er alle anderen brechen. Er merkt nichts.

Erst als ein Typ dran ist, der einen Text mit dem Titel *Menschen hassen* ankündigt, horcht Hermann auf.

Den Text versteht er nicht wirklich. Er lacht sogar an einigen Stellen, an denen er besser weinen sollte. Es ist, wie wenn sich Gerhard Polt auf der Bühne über die ganzen Bierzelt- und Stammtisch-Kasperl lustig macht. Genau die sitzen vor ihm im Publikum und lachen sich über sich selbst kaputt.

Hermann hält am Ende die 9,4 hoch.

Der junge, sympathische Mann, der den Text vorgelesen hat, geht zum Moderator und besteht darauf, dass die 9,4 Punkte nicht in die Wertung einfließen.

In der Pause erntet Hermann mitleidige und böse Blicke.

Plötzlich steht eine Frau vor ihm. Sie ist ganz hübsch, aber auch sie scheint nicht gerne zu lächeln.

»Das war schon okay von dir«, sagt sie, »ich hätte ihr noch weniger Punkte gegeben.«

Den Rest des Abends lästern sie nebeneinander über die anderen schrecklichen Künstler. Dann gehen sie zusammen nach Hause und haben wahnsinnig schlecht gelaunt Sex.

Mensch, Hermann, jetzt ist dieser Text ziemlich drastisch geworden. Das tut mir leid. Vielleicht hätte ich dich direkt ansprechen sollen. Auch um dich besser zu verstehen und um dir helfen zu können. Lass uns einfach das nächste Mal ein Bier trinken und über alles reden. Das Bier geht natürlich auf mich.

BITTE SCHÖÖÖN!

Ein wenig stolz darauf bin ich schon, dass ich in Zukunft auf ein Auto verzichten will. In einer Welt, die klimatechnisch völlig aus dem Ruder läuft, muss man einfach mal vorangehen.
Aktuell zumindest. Wenn ich irgendwann reich sein sollte, kaufe ich mir ein Motorrad und einen Oldtimer. Nach Thailand werde ich irgendwann auch wieder fliegen. In den USA und in Südamerika war ich noch nie, zudem kenne ich einen coolen Australier, den ich besuchen könnte. Ein ehemaliger Klassenkamerad wohnt seit vielen Jahren in Japan. Japan interessiert mich. Außerdem esse ich recht gerne Fleisch und kaufe immer noch manchmal Einwegflaschen und Dosen. Dosenbier ist mit nichts zu vergleichen. Im Gegenzug kann ich versprechen, nie eine Kreuzfahrt zu machen oder einen SUV zu fahren. Vielleicht esse ich in Zukunft kein Schweinefleisch mehr, um mich mit den KITAs in Leipzig zu solidarisieren.
Aber wie gesagt, jetzt, wo der TÜV meiner alten Schüssel abgelaufen ist, versuche ich, ohne Auto auszukommen. Ich habe wenig Geld, darum liegt mir Nachhaltigkeit momentan so am Herzen.
Es klappt gut, wir sind gerade zu sechst mit der Bahn im Urlaub.
Voll angenehm. Rein in den Zug und ab nach Flensburg. Von Flensburg nach St. Peter-Ording. Vor Ort kann man sich ein Fahrrad ausleihen, oder arme Freunde müssen dich fahren.

Heute geht es nach Hause, und ich zweifle das erste Mal an meinem neuen crazy Lifestyle.
Wir sind in Lüneburg, und es steigen neue Menschen ein. Dass im Zug auch andere Leute mitfahren, ist eindeutig der Nachteil an der ganzen Sache.
Man riskiert immer, in einen Junggesellenabschied zu geraten, mit Fußballfans falscher Vereine im Waggon zu landen oder mit einer Truppe Mädels im Abteil zu sitzen, die mit dem Regionalticket zum Shoppen in die große Stadt fahren und aufgeregt sind wie am ersten Schultag.
Bisher hatten wir echt Glück. Bis auf einen Geschäftsmann, der einfach sehr laut telefonieren musste. Sonst hätten nicht alle mithören können.
Ich merke schnell, dass es vorbei ist mit der Entspannung, als das süße Rentnerehepaar den Waggon betritt.
Schon von der Schiebetür aus ruft Günter: »Da hinten, Karin, mein Schatz, da sind unsere Plätze. Der Vierer da! Schnell hin! Tufftufftuff!«
Keine fünf Sekunden studiert Günter die Reservierungsschilder am Vierer neben uns: »Karin, da steht's, schwarz auf weiß oder eher rot auf schwarz, hier, von Lüneburg nach Nürnberg, am Fenster! Lüneburg und Nürnberg, Mensch, schau dir das an, fast die gleichen Buchstaben. Da hätten wir auch gleich in Lüneburg bleiben können. Aber egal, wir müssen ja eh nach Fürth, nur da hält er eben nicht, gut, dann fahren wir nach Nürnberg, was soll der Geiz?!«
Sie setzen sich hin, während er Luft holt. Ich schaue mich um, alle machen große Augen und haben wie ich große Angst.
Die Hoffnung, er hätte sein Pulver bereits verschossen, erfüllt sich nicht.

Kaum hat Günters Hintern den Sitz berührt, schreit er laut »Canasta!« und mischt schon.

Sogar sein Mischen ist das lauteste Mischen, das ich je gehört habe.

Wie hält seine Frau das aus? Sie müsste in der Gerichtsverhandlung nur ein einminütiges Video von Günni zeigen und käme mit Bewährung davon.

Aber sie lächelt ihn nur verliebt an und holt den Block zum Aufschreiben raus.

Nach dem ausgiebigen Mischen teilt er die Karten aus und ruft danach: »Bitte schööön!«

Immer. Nach jedem Austeilen. Und immer laut. Und er teilt jedes Spiel aus. Seine Frau kann sicher nicht so gut mischen.

»Bitte schööön!«

Dann spielen sie unglaublich schnell, sodass Günni es fast nicht mehr hinbekommt, jede Karte zu kommentieren. Vor allem jede Karte, die er nicht brauchen kann. Tststs, sagt Günter dann immer.

Er gibt alles: »Uh, ein König, tststs, brauch ich nicht. Ah hier, die Herz Sibbe, Herz ist die Seele vom Spiel. Was? 'ne Fünf kannste nicht gebrauchen? Weiß ich doch, konntest vorher schon nicht. Langsam glaub ich, ich sollte selbst Fünfen sammeln. Ui, das passt! Jetzt schau her, Karin. Zack, zack, zack und zack! Canasta!!!«

Er atmet ganz kurz ein, um keine Zeit zu verlieren. Er muss die Punkte zusammenzählen.

»5, 10, 20, 100, 300, drölfzichtausend!« Was weiß ich, was er da zählt.

»Schatzi, ich hab 4000 Punkte Vorsprung. Streng dich an, sonst macht das keinen Spaß.«

Ich bin so müde, dass ich trotz oder gerade wegen der Dauerbeschallung kurz vor dem Einnicken bin.
Günter will das nicht. »Canasta!«
Beim nächsten Spiel passiert etwas Unwirkliches.
Karin spricht.
Sie sagt: »Oh!«
»Was heißt *oh?*«, will Günter wissen.
Sie legt ab. Erst wenige, dann mehr Karten.
»Mach mich nicht schwach!«
»Ich mach dich nicht schwach. Ach doch, ich mach fertig.«
Sie legt alle Karten ab, Günter hat noch alle auf der Hand.
»Gibt's nich! Das war anders geplant. Du machst mich schwach.«
»Mach ich nicht.«
Schon sind wir in Hannover.
»Hannooooover!«
Immer wenn der Schaffner eine Durchsage macht und eine Stadt nennt, wiederholt Günter die Stadt und achtet dabei darauf, einen der Vokale möglichst in die Länge zu ziehen.
»Hannooooover!«
»Von hier haben Sie Anschluss zum Intercity nach Berlin über Wolfsburg.«
»Wolfsbuuuuurg!«
Um genau zu sein, macht er das nicht nur bei Städten.
»Hier mein Schatz, bitte schööön! 'ne schöne Füneff!«
»Kann ich nicht gebrauchen.«
»Waaaas? Die schöne Füneff? Dann mach ich halt fertig, nänänänänänä! Ich zähle zusammen ... Neunhundertsechziiiiig!«
Günter lässt jede Karte, die er hinlegt, laut schnalzen. Hinter

mir hackt zusätzlich eine junge Frau auf der Tastatur ihres Laptops herum, vor mir plärrt ein Kind.
Die Frau, die sich jetzt zu den beiden Süßen an den Vierer gesetzt hat, liest seelenruhig.
Wie kann man sich bei dem Lärm konzentrieren? Kommt auch nur noch ein einziges Geräusch dazu, wird diese Fahrt in einem Blutbad enden.
Ich bin so angespannt, muss mal raus. Ich hole mir ein Bier aus dem Bordrestaurant, auch auf die Gefahr hin, etwas zu verpassen.
Vergebens versuche ich, meine Kinder zu animieren, für mich Notizen zu machen. Denn schon als Karin und Günter eingestiegen sind, haben Luzie und Tom nur kurz die Augen verdreht und dann sofort Kopfhörer aufgesetzt. Wie klug sie doch sind.
Auf dem Rückweg vom Speisewagen höre ich bereits aus dem Waggon nebenan ein kräftiges »Bitteschööön!«. Kaum sitze ich wieder, schreit er »Canasta!«.
Nächster Bahnhof Kassel. »Kasseeeeel!«
Als der Schaffner pfeift, läuft gerade ein kleiner Junge vorbei.
Günni will witzig sein: »Waaaas? Warum pfeifst du denn?«
Der Junge weint, alle schütteln den Kopf.
Das irritiert selbst Günter, auf einen Schlag hören sie mit dem Spielen auf. Karin packt alles in Höchstgeschwindigkeit ein.
Günter hat Hunger, es gibt Schnittchen. Die sehr zu schmecken scheinen.
»Karin, manchmal liebe ich deine Wurstbrote mehr als dich.«
Ich verschlucke mich am Bier, lache laut los.
Das Ehepaar ignoriert mich, Karin bietet Günter *Das Neue Blatt* an. Er lehnt ab, weil das Kreuzworträtsel schon gelöst ist.

Zum Glück hat er einen ganzen Stapel säuberlich ausgeschnittener Kreuzworträtsel dabei.
Er löst hochkonzentriert, wobei er alle die einzelnen Lösungswörter wissen lässt.
»Donauuuuu! Nonneeeee! Kolumbuuuuus!«
Plötzlich weiß er nicht mehr weiter, Karin muss helfen.
»Schatz, Staat in Afrika … wie schreibt man Tschad?«
»Mit T-S-C-H.«
»Mit T-S-C-H?«
»Ja, T-S-C-H-A-T.«
Er überlegt. »Ne, dann isses Niiiiiger.«
Wieder pruste ich los. Als sie mich entsetzt anschauen, zeige ich geistesgegenwärtig auf das Display meines Handys und sage: »Voll lustig.«
Eine Frau rettet die Situation. Sie läuft mit Baby auf dem Arm an uns vorbei, quatscht es helikoptermäßig voll und erklärt und tut. Schrecklich.
»Ach, Wilhelm«, säuselt sie. »Jetzt bist du der Mama mit dem Spielzeugzug über die Brust gefahren. Das ist ja ein dickes Ding.«
Günter mustert sie und sagt: »Na ja, jetzt übertreiben Sie mal nicht.«
Jetzt lachen alle außer der Frau, Günter freut sich.
Er ist so gut drauf, dass er wieder Canasta spielen will.
Sie spielen bis zum Stopp in Nürnberg.
»Schade, schon da«, sagt er. »Ich hätte noch Stunden weiterspielen können.«
Ja, schade. Ich merke einen regelrechten Stich im Herzen, so lieb habe ich die beiden mittlerweile gewonnen. Leider geht selbst die nachhaltigste Reise irgendwann zu Ende.

Ich stehe auf, um mein Buch aus der Ablage zu holen. Gleichzeitig will Günter Richtung Ausgang.
Ich trete einen Schritt zurück, blicke ihm liebevoll in die Augen und rufe: »Nürnbeeeeerch! Bitte schööööön!
Dann tippe ich *AutoScout24* in mein Handy.

NICHT UNFEHLBAR

Ganz klar, ich mache mich gerne über andere lustig. Ich bin dabei ungerecht, unsympathisch und arrogant. Ich tue das zum einen, weil ich es kann, zum anderen, um die Welt ein bisschen besser zu machen.

Wenn beispielsweise nur ein Mensch seinen Apfel nicht mehr in der S-Bahn isst, hat sich mein Einsatz schon gelohnt. Aber das mit dem Apfel hatten wir ja bereits.

Überraschenderweise bin ich selbst auch nicht unfehlbar. In meiner Jugend trug ich zeitweise Vokuhila, hörte *Roxette* und war insgesamt ein ziemlicher Kasper.

Mittlerweile schaut es schlimm aus, wenn ich Fußball spiele. Ich vergesse manchmal Termine. Ab und zu werfe ich eine schmutzige Plastikfolie in den Restmüll.

Auch wenn ich jetzt Leute, die Biermischgetränke mögen, anpflaume, muss ich zugeben, dass ich früher sehr gerne Bananenhefe getrunken habe. Weizenbier gemixt mit Bananensaft. Das klingt ekelhaft. Ist es auch. Aber Bananenhefe war der ganz heiße Shit in Würzburg. Und ich war jung und mochte Bananen.

Bis zum Tag dieser Fahrradtour. Wir waren von Rimpar bis Würzburg geradelt, immerhin satte zehn Kilometer. Keine Ahnung mehr, warum wir das taten. Eigentlich hasse ich Fahrradfahren schon immer. Eventuell konnten wir uns auf niemand einigen, der uns mit dem Auto in die Stadt fuhr, uns beim Trinken zuschaute und uns vor allem nachts wieder nach Hause brachte.

Jedenfalls waren wir sehr durstig. Wir wollten in die *Bambusfackel,* wo Bananen-, Kirsch- und Maracujahefe sogar auf der Karte angeboten wurden. Weil wir gar so durstig waren, bestellten Klafke, Murphy und ich jeweils gleich zwei Glas Bananenhefe. Die Bedienung kicherte. Weil wir so hübsch und lustig waren, mutmaßten wir, und freuten uns. Richtig laut lachte sie dann, als sie zusammen mit dem Zapfer zwölf Glas Bananenhefe auf unserem Tisch abstellte.
»Äh, jeder wollte nur zwei …«, klärte Klafke die beiden auf.
»Schon, ja«, antwortete der Zapfer. »Aber jeden Donnerstag ist hier Doppeldecker. Zwei zum Preis von einem. Also für jeden vier Glas Bananenhefe. Lasst es euch schmecken.«
Gut, das fanden wir natürlich auch lustig. Nur nach dem zweiten Glas nicht mehr. Das dritte schmeckte widerlich, das vierte hätte ich sehr gerne gegen eine beliebige Dschungelprüfung eingetauscht.
Es würgte uns bei jedem Schluck. Seitdem kann ich keine Banane mehr riechen, geschweige denn essen oder als Shake trinken. Wenn in meiner Nähe jemand eine Banane isst, flüchte ich. Aus Angst, den Geruch in die Nase zu bekommen oder das Geräusch zu hören, das entsteht, wenn man mit leicht geöffnetem Mund Banane kaut. Aus Angst, die im Mund gezogenen Bananenmassefäden sehen zu müssen.
Eine Banane provoziert all meine Sinne. Sie macht das auf ganz hinterlistige Art und Weise und grinst noch blöd dazu. Dieses hässliche Früchtchen!
Wenn ich sie schon anfassen muss! Am besten noch, wenn sie schon braun ist. Keines meiner Kinder hat je von mir eine Banane zu Gesicht bekommen. Wenn Babys Bananen essen, dreht sich mein Magen um. Sie sind zu ungeschickt, einfach

abzubeißen und das Ding runterzuschlucken. Nein, sie lassen das angepampte Mus aus ihren unfähigen Mündern gleiten, die Eltern klauben es vom dreckigen Latz und schieben es den Rotzlöffeln wieder in den Rachen. Dabei finden sie die Kleinen auch noch süß.

Das muss doch nicht sein. Stillt sie einfach so lange, bis sie anständig essen können. Und wenn sie das irgendwann können, gebt ihnen bloß keine Reiswaffeln. Die stinken auch so schlimm. Eine erwachsene Kollegin von mir hat die Dinger immer in der Arbeit gegessen. Bis ich ausgerastet bin.

Ich erzähle das nicht in Einzelheiten, das würde zu weit führen. Ich bin ja tolerant. Bis zu einem gewissen Punkt. Ich will die Kollegin natürlich nicht beleidigen und bloßstellen. Die Bärbel.

Aber ganz im Ernst: Wie kann man denn als Erwachsener Reiswaffeln essen? Weil man schlank davon wird?

Wenn ich auch nur einen Funken Anstand besitze und mein Geruchssinn intakt ist, dann werde ich doch lieber etwas dicker und verzichte auf Reiswaffeln. Sie schmecken nach Styropor. Warum sollte ich Styropor essen? Styropor, das Babymundgeruch hat!

Da sagen sie immer, dass Babys so gut riechen. Das mag sein. ABER NICHT MIT REISWAFFELN ODER BANANEN IM MUND!

Sonst bin ich ein weltoffener Typ. Ich bin Pazifist und Feminist, ich habe Freunde, die Bremen- oder sogar St.-Pauli-Fans sind. Ich akzeptiere andere Meinungen und versuche, sie zu verstehen.

Leider klappt das nicht immer. Und damit kommen wir schon zum Punkt:

Bei alkoholfreiem Radler ist das schwierig.
Da frage ich mich einfach nach dem WARUM?
Schon normales Radler finde ich grenzwertig. Weil es nicht schmeckt. Nicht einmal, wenn man Durst hat.
Klar habe ich selbst schon Radler getrunken. Aber nicht gerne. Eigentlich auch nur nach Fußballspielen oder nach anderen Extrembelastungen wie Wanderungen. Um den Zuckerhaushalt auszugleichen.
Auf meiner Pilgerreise nach Hamburg habe ich zum ersten Mal richtig über Radler nachgedacht. Steve und Max begleiteten mich einige Tage lang, und wir kehrten diverse Male ein. Bei gleißender Hitze wagten Steve und ich es, uns im Biergarten eine Radlermass zu bestellen. Max verzog verächtlich die Mundwinkel und bestellte sich eine Weinschorle-Mass.
Als wir ihn zusammen mit der Bedienung mit großen Augen anschauten, verwies er auf sein T-Shirt mit dem Aufdruck *13 Jahre radlerfrei*. Und das Shirt sei schon drei Jahre alt.
Weil die Wanderung nun schon fünf Jahre zurückliegt, zählen wir die ganzen Jahre zusammen und stellen fest, dass Max das letzte Radler vor 21 Jahren getrunken hat. Dafür feiere ich ihn hart.
Er hat sehr früh festgestellt, dass ein Radler kein ehrliches Getränk ist, und liegt damit goldrichtig.
Es hielt sich in Bayern lange die Legende, das Radler sei in der *Kugleralm* in Oberhaching erfunden worden. Der Wirt habe dem Bier Limonade zugemischt, weil das Bier auszugehen drohte. Gut, das Münchner Helle ist so süß, dass der Unterschied nicht allzu groß ist. Wer gerne Helles trinkt, mag auch Radler.
Mittlerweile ist die Kugleralm-Theorie widerlegt. Der Wirt

hatte die Geschichte einfach erfunden, um Gäste anzulocken. Für mich sind das niedere Beweggründe: mit Limo im Bier den Umsatz ankurbeln. Wie armselig. Aber wer im flachen Haching ein Restaurant mit dem Zusatz *Alm* versieht, lügt einfach gerne.

In Wahrheit wurde Radler wohl schon im 19. Jahrhundert an britische Truppen ausgeschenkt. Sicher die Geburt des Ausdrucks *Gruseltruppe*.

In Deutschland wurde im Jahre 1993 sogar die Abfüllung des Radlers in Flaschen erlaubt. Letztlich war das der Beginn des Untergangs der Bierkultur.

Zugegeben, ich als ehemaliger Bananenhefejünger kann nicht viel sagen gegen das Radler oder den Radler in Österreich, gegen Alsterwasser in Norddeutschland, Panaché in Frankreich, Schneewittchen in den Niederlanden und Clara in Spanien. Nicht einmal gegen die bastardgleichen Alcopops.

Deshalb musste ich mich am alkoholfreien Radler festbeißen.

Aber selbst da bekam ich Gegenwind, als ich auf der Suche nach dem Buchtitel meine Facebook-Freunde bemühte.

Sie sollten den Titel »Wer alkoholfreies Radler trinkt …« vervollständigen.

Natürlich kamen gute und lustige Vorschläge wie »… macht sich mitschuldig«, »… hat das Leben nie geliebt« oder »… wird nüchtern fett«, aber es gab auch andere Stimmen.

Selbst mir scheinbar wohlgesinnte Menschen gaben mir Kontra.

Marvin schrieb: »… kann auch über Veganerwitze nur noch müde lächeln.«

Marvin! Das stimmt doch so nicht. Ich finde Veganerwitze auch nicht lustig. Vegane Ernährung finde ich gut. Ohne Witz!

Ich war selbst zweieinhalb Jahre Vegetarier. Bis ich noch vor der Jahrtausendwende nach München gezogen bin. Schnell musste ich meine Ernährung umstellen, weil man seinerzeit in Oberbayern auf einer Speisekarte quasi kein vegetarisches Gericht finden konnte.

»Wos Vegetarisches mog er, der feine Herr?«, raunzte mich die Bedienung im *Weißen Bräuhaus* damals an. »An Wurschtsalat hamma!«

»Über Vegetarierwitze kann ich nicht mal müde lächeln«, antwortete ich. »Bringen Sie mir bitte ein ungeöffnetes Flaschenpils.«

Schnell hatte ich in München gelernt, wie man eine Bedienung aus der Fassung bringen kann. Man musste lediglich, vorzugsweise im HSV-Trikot, ein Pils bestellen. Ungeöffnet deshalb, weil ich befürchtete, sie würde sonst vorher reinspucken oder noch schlimmer. Die Angst war unbegründet, selbstverständlich hatten sie kein Pils im Angebot.

Marvin, du siehst, ich bin vollkommen bei dir.

Du könntest im Gegenzug zugeben, wie indiskutabel alkoholfreies Radler ist. Radler mit Zähneknirschen ja, alkoholfreies Bier okay, aber alkoholfreies Radler? Überleg doch noch mal!

»Wer alkoholfreies Radler trinkt, trinkt alkoholfreies Radler«, schrieb Julia ganz unverblümt. Riesentitel, ganz ehrlich. Merkste selbst, oder?

Ich weiß, was du meinst. Meinetwegen kann jeder trinken, was er will. Aber ich möchte einfach lachen dürfen, wenn ich jemand dabei erwische. Warum sind immer alle so intolerant? Außer mir?

Benedikt schrieb: »Wer alkoholfreies Radler trinkt, möchte genießen und dabei einen klaren Kopf behalten.«

Benedikt, du bist und bleibst ein Riesentyp. Trotzdem. Deshalb sag ich auch nichts dazu. Ich lass den Satz einfach stehen. Und wirken.

Überhaupt sag ich gar nichts mehr. Durch Argumente kann ich sowieso nicht überzeugen, das ist mir klar. Bin ja nicht doof. Ich kann auch zugeben, dass ich mich verrannt habe und muss nicht immer das letzte Wort haben.

Nur einen Satz vielleicht noch: Wer alkoholfreies Radler trinkt, hat sich schon aufgegeben.

q. e. d.

SCHALL UND RAUCH

Die Trendnamen für neue Erdenbürger sind schon viele Jahre nahezu die gleichen.
Sophia, Mia und Hannah waren ebenso wie heute schon 2010 in den Top Ten der beliebtesten Mädchennamen, analog dazu bei den Jungs Leon, Felix und Maximilian.
Ich persönlich mag ganz gerne die alten Namen wie Emma und Paul, wie Martha und Valentin.
Sonst bin ich nicht so der Traditionalist, aber warum nicht sein Kind nach Opa Richard und Oma Elsa benennen?
Das ist viel schöner, als irgendwelche moderne Doppelnamen zu erfinden. Die Aufkleber auf den Vans sagen uns gerne, dass Mona-Cataleya und Malte-Joshua an Bord sind und ihnen eine schwierige Kindheit bevorsteht.
Die Wahl der Namen meiner Kinder fiel uns damals leicht. Tom bekam seinen Namen aus meinem Lieblingsfilm, den Namen Luzie fanden wir in der Klassenliste einer befreundeten Lehrerin. Es sind schöne Namen, ich finde, sie können zufrieden sein.
Ein bisschen Sorgen habe ich nur um ihre Kinder und Kindeskinder. Was, wenn die Namen meiner Generation wieder mal modern werden sollten?
Es mag unwahrscheinlich sein, aber wer hätte noch vor zwanzig Jahren gedacht, dass der Name Anton im Jahre 2019 wieder lässig sein würde?
Mit Schaudern stelle ich mir vor, dass irgendwann Luzie oder

Tom vor mir steht und sagt: »Wir wollen ihn Wolfgang nennen.«

Oder Petra, Matthias, Nicole, Markus, Kerstin, Martin, Ulrike, Robert, Britta, Florian, Monika oder Klaus.

Wir mögen die Gnade der späten Geburt erfahren haben, was uns allerdings durch die Ungnade der Scheißnamen gleich wieder vergällt wurde.

Wie kann man sein Kind Volker nennen?

Gerade wenn man selbst einen – sagen wir – unglücklichen Namen hat, kann man sich beim Sohn doch etwas Mühe geben.

Mein Vater heißt Amand, was weder für ihn noch für mich einfach war. Meine Mitschüler lachten immer, wenn ich den Lehrern den Vornamen meines Vaters nennen musste.

Für ihn selbst war es noch krasser, weil nicht einmal in den 30er-Jahren jemand den Namen Amand kannte.

Gerne und oft, wenn auch etwas angespannt, erzählt er die wahre Geschichte von seinem ersten Schultag.

Die Erstklässler wurden nach ihren Namen gefragt, und als er an der Reihe war, sagte er unsicher: »Amand.«

»Wie bitte?«

»Amand.«

»Nein, ich meinte deinen Vornamen.«

»Mein Vorname ist Amand.«

»So, gleich ist Pause. Dann läufst du schnell nach Hause und fragst noch einmal nach.«

Nach diesem Erlebnis sein Kind Volker zu nennen, ist fies. Vielleicht hat es ihm aber einfach gutgetan. Vielleicht konnte er so sein Trauma überwinden.

Schwamm drüber, Volker ist immerhin in der Liste der 50 be-

liebtesten Jungennamen der 70er-Jahre vertreten. Leider auf dem größten Verliererplatz, nämlich auf dem vorletzten. Hinter Ingo, nur damit ihr Bescheid wisst.
Noch heute werde ich geärgert.
»Alle Macht geht vom Volker aus«, sagt Stevie oft. Christoph schlägt mir bei jeder Begegnung den Titel *Volker hört die Signale* für mein nächstes Buch vor. Beide empfinden dabei eine große Freude, ich lasse ihnen meistens ihren Spaß und lache mit. Sie heißen Stefan und Christoph und hatten es sicher auch nicht leicht, warum sollten wir uns gegenseitig fertigmachen?
Trotzdem bin ich etwas frustriert über Platz 49. Um mir etwas Selbstvertrauen zurückzuholen, rufe ich die Top 50 der beliebtesten Mädchennamen auf und überlege, mit wie vielen von ihnen ich zumindest geknutscht habe.
Beim ersten Überfliegen komme ich auf 33, bei weiteren fünf bin ich unsicher.
Was ich bei meinem Vornamen durchaus respektabel finde. Ich denke nicht, dass jeder Christian von Platz 1 besser abschneidet. Weil das Abtauchen in die Vergangenheit so großen Spaß gemacht hat, recherchiere ich gut gelaunt die Herkunft meines Namens. Was ein Riesenfehler ist.
Volker kommt aus dem Althochdeutschen und setzt sich aus *folc* und *heri* zusammen. *Folc* bedeutet Kriegsvolk und *heri* kann mit Kämpfer übersetzt werden. Immerhin. Aber in Kombination heißt es dann laut rtl.de so viel wie *Der sein Volk in den Krieg führt.*
Lügeninternet! Ich will nicht so heißen!
Vielleicht heißt wenigstens Keidel etwas wie *Herzallerliebst.*
Zitternd schlage ich im Duden der Familiennamen nach.
Nächster Fehler!

Schall und Rauch

Da steht tatsächlich: Keidel – Übername zu mittelhochdeutsch *Keil, Pflock, Grobian*. Auch im Netz wird mir bestätigt, dass ich ein *grober Mensch* sei.

Was soll das? Ich bin doch kein grober Mensch. Keiner, den man *Grober Pflock, der sein Volk in den Krieg führt* nennen muss.

Warum muss gerade ich als Deutscher so einen beschissenen Namen tragen?

Nennt mich halt gleich *Alte Nazidrecksau! Alte hässliche Nazidrecksau!*

Ach Mann! Indianer heißen doch auch eher *Fröhliche Gazelle* und nicht *Ich schieß dir einen Pfeil ins Auge, du elender Kojote*.

Und die Chinesen erst. Stellt euch vor, ich wäre solo und müsste eine Partnerin finden. Ich würde eine hübsche Chinesin kennenlernen. Ihren Namen Li Ming würde sie mir wörtlich übersetzen: »Duftende Blüte einer Blumenwiese, die Unmengen an Herzlichkeit in sich trägt und Nächstenliebe großschreibt.«

»Aha«, würde ich sagen.

Und sie würde sagen: »Volker Keidel, was heißt das?«

Mir würde schlecht werden, ich würde schweißgebadet nuscheln: »Das bedeutet ungefähr so viel wie *Alte Nazidrecksau*.«

»Oh«, antwortet sie dann und streicht mir über den Kopf. »*Alte Nazidrecksau*, das ist ja süß!«

Ich bin richtig sauer auf den Duden und schlage den Streber Christian nach. War ja klar, bei dem steht dann wieder was von *Der Gesalbte* und *Messias*.

Wieder rufe ich die 50 Mädchennamen auf und gehe sie noch mal durch. Ich will diese Christians demoralisieren.

Katrin, Yvonne, Britta, Antje, Anke, Nina, Petra, Michaela, Eva, Cornelia, Miriam, Maria ... ich gehe noch einmal alle

Feste meiner Jugend durch, aber diese Namen bleiben unbesetzt.
Meike, Bianca, Jana, Maren, Wiebke sowieso. Verdammt, wie langweilig war ich eigentlich früher?
Vielleicht kann meine Freundin Leena weiterhelfen. Ihr Name bedeutet nämlich *Kupplerin*.
Außerdem auch so viel wie *die Leuchtende, die Glänzende, die Sonnengleiche*. Warum habe anscheinend nur ich einen ätzenden Namen, und alle anderen tragen Liebe in sich?
Mit Nachnamen heißt sie Seidenader. Sie sagt, das hieße eigentlich Seide-Nader und würde heute Seiden-Näher heißen.
»Wir waren Schneider für Könige und andere Aristokraten«, sagt sie stolz.
»Schön und gut. Aber dein Volk in den Krieg führen, das kannst du nicht, was?«, frage ich genervt.
Natürlich bin ich neidisch.
Leena Seidenader, mir fällt auf die Schnelle kein schönerer Name ein.
Er ist ein Gedicht.
Gedichte sind eigentlich nicht so mein Steckenpferd, aber bei diesem Namen werde selbst ich zum Lyriker. In Windeseile schreibe ich eine Ode an Leena Seidenader. Nur aus den sieben Buchstaben, die in ihrem Vor- und Nachnamen vorkommen.
Das kriegt der niemals hin, dieser Fußballprolet, werdet ihr denken. Aber aus den Jungs spricht der Neid, aus den Mädels sowieso, weil sie sich so ein Gedicht ihr Leben lang wünschen. Dieser Neid potenziert sich gleich beim Umblättern der Seite. Das Gedicht spielt Lyrik-Bundesliga. Man stelle sich nur vor, Volker von der Vogelweide hätte das gesamte Alphabet zur Verfügung gehabt …

Schall und Rauch

LEENA SEIDENADER

DASEIN
DA SEIN

LIEDER
SEELEN LESEN
SINNE RASEN
ADRENALIN

DEIN SEIN
LENDEN SIEDEND
REIN
LANDEN

AN DER SEINE?
IN DRESDEN?
DIE ANDEN?

NEIN!
REAL!
ERDEN!

LEISE LEIDEN
NEID
ELEND

ENDE?
NEEEEEIN!
LEEEEENA!

Wahrscheinlich kann ich 1000 Gedichte schreiben, mich anstrengen, wie ich will.
Auf Dauer wird sie nicht mit diesem groben Menschen zusammen sein wollen.
Statt Krieg zu führen, muss ich Liebe in die Welt tragen. Ich darf kein Pflock mehr sein, ich muss feiner werden, sensibler, ein besserer Mensch trotz meines Namens.
Sonst wird es sie zu Christian hinziehen. Zu diesem gesalbten Arsch!

FETT OHNE GERÄTE

Nachdem ich mich nach Jahren vom Fitnessstudio, zu dem ich nie hingegangen bin, abgemeldet hatte, habe ich noch mehr zugenommen. Solange die Chance bestand, ich könnte noch einmal hingehen, habe ich mich noch nicht so gehen lassen.

Dass ich nach der Kündigung etwas sorglos mit meinem Körper umgegangen bin, rächt sich jetzt. Meine selbst gesetzte 90-Kilo-Grenze gilt nun in die andere Richtung, unter 90 Kilo war ich schon länger nicht mehr.

Wenn man bedenkt, dass ich zu meiner Kreisklassenlegendenzeit beim VfR Burggrumbach zeitweise 78 Kilo gewogen habe, ist das ganz schön viel. Und es ist ja nicht so, dass mich die zusätzlichen 15 Kilo stärker gemacht hätten.

Von der Beweglichkeit ganz zu schweigen. Ich gehe morgens immer mit offenen Schnürsenkeln aus dem Haus, weil es bei mir im Flur keine Sitzgelegenheit gibt und ich mir im Stehen die Schuhe unmöglich binden kann.

Das geht zum Glück fast allen so, die früher mit mir unterklassig Fußball gespielt haben. Gymnastik wurde damals nicht wirklich ins Training eingebaut. Standen wir dann doch einmal im Kreis und unser beweglicher Trainer machte uns die Übungen vor, konnte man unser Stöhnen bis zum nächsten Sportplatz hören.

»Aha«, tuschelten die Spieler vom TSV Unterpleichfeld, »in Burggrumbach machen sie wieder Gymnastik.«

Ich kann mich an keinen Mannschaftskollegen erinnern, der stehend mit den Handflächen den Boden berühren konnte. Mit durchgedrückten Knien, versteht sich. War die Grätsche breit genug, schafften sogar wir das. Unter großer Verletzungsgefahr.

Einmal organisierte der Coach die Trainerin der Aerobic-Gruppe des Vereins, um uns fit zu machen. Es war nicht hilfreich, dass wir uns dabei im Spiegel beobachten konnten. Wenn auch nur kurz, weil wir durch die ganzen Tränen, die wir lachten, nichts mehr sehen konnten.

Auch die Trainerin beklagte hinterher, dass selbst die Senioren im Verein gegen uns Jane Fondas seien und sie so etwas wie uns überhaupt noch nicht gesehen hatte. Zudem fielen nach diesem Training zwei Spieler mehrere Wochen aus. Der Großteil ihrer Muskeln machte zu, weil diese zum ersten Mal in ihrem traurigen Thekenleben beansprucht worden waren.

Was mich anbetrifft, muss ich heute beim Schreiben aufgrund meiner Rückenschmerzen mehrmals die Position wechseln. Fällt mir mein Stift herunter, wärme ich mich kurz auf, bevor ich mich bücke.

Ich muss etwas tun, zumal gerade Wiesnzeit ist und ich demnächst 50 werde. Gut, bis zur Wiesn morgen wird es mit dem Traumkörper wohl nichts mehr werden, und meinen Geburtstag werde ich erst im Sommer nachfeiern. Aber wenigstens dann möchte ich am Morgen nach der krassen Feier aus dem Schlafsack schlüpfen und ultrabeweglich ein paar Liegestütze machen.

Oben ohne selbstverständlich, und die anderen würden idealerweise Dinge sagen wie: »Brutal, wie gut man mit fünfzig noch aussehen kann.«

»Fünfzigeinhalb«, werde ich mit erhobenem Zeigefinger antworten, während ich mit dem anderen Zeigefinger einen Klimmzug mache. Dabei schaue ich maximal entspannt. Wie ich mich jetzt schon darauf freue.

Das mit der guten Figur zum 50. Geburtstag ist mir deshalb so wichtig, weil ein Freund vor einigen Jahren ebenfalls 50 wurde und am Nachmittag mit den Kindern Fußball spielte. Er tat dies ohne T-Shirt und machte mich sehr neidisch. Ich sah kein Gramm Fett und musste unwillkürlich an Brad Pitt in *Fight Club* denken. Das schmerzt, wenn man selbst ein paar Jahre jünger ist, aber schon mit dreißig wie der späte Zachi Noy in *Eis am Stiel 8* ausgesehen hat.

Hoch motiviert hole ich das Buch *Fit ohne Geräte* aus dem Bücherregal.

Es ist etwas verstaubt. Ich habe es vor etwa zwei Jahren gekauft. Damals war zumindest der Besitz dieses Buches absolut im Trend, wir verkauften es in der Buchhandlung wie geschnitten Brot.

Ich überlegte, mir das Buch zuzulegen, weil mir Detti ungefragt ein Foto an den Kühlschrank gehängt hatte.

Nach einer Bergwanderung hatte er mich heimlich fotografiert, als ich mein T-Shirt wechselte. Heimlich heißt, dass ich den Bauch nicht eingezogen hatte. Jahrelang hatte ich mich nicht mehr ohne eingezogene Wampe gesehen. Jahrelang war mein Spiegel nicht mehr angelaufen, weil ich im Bad nicht atmete. Jahrelang hatte ich mit dieser Lüge gelebt.

Die endgültige Kaufentscheidung fiel nach einer Massage, bei der ich mich ohne T-Shirt, von Rückenschmerzen geplagt, zur Liege schleppte. Die befreundete Physiotherapeutin schaute mich mitleidig an und meinte, ich könnte eigentlich eine

Schnitte sein, würde ich nicht so gebückt gehen und etwas Krafttraining machen.

Schnitte, das hörte sich so gut an. Ich wollte Schnitte sein und kaufte das Buch.

Heute sieht das Buch unbenutzt aus. Das liegt daran, dass es unbenutzt ist. Demnach wäre Schnitte wohl das letzte Wort, das jemand zu mir einfallen würde.

Während ich aktuell am Manuskript schreibe, lebe ich noch ungesünder. Gerne belohne ich mich für einen gelungenen Satz mit einem Wurstbrot, manchmal genügt mir ein schönes Wort. Ist eine Geschichte meiner Meinung nach gut geworden, gehe ich feiern.

Pro Geschichte nehme ich geschätzte 500 Gramm zu, ich hoffe, dass 29 Geschichten für das Buch reichen werden.

Ich schlage *Fit ohne Geräte* auf. Ich muss sofort was tun, wenn das mit der Schnittenfigur bis zum Sommer was werden soll.

Tatsächlich spricht mich der Motivationsteil zu Beginn des Buches an. Immerhin hat der Typ Tausende von Soldaten zu Höchstleistungen getrimmt, und er verspricht, auch mich fit zu machen. Ich freue mich sehr, dass das sogar beim Fernsehen möglich ist. Man muss nicht ins Fitnessstudio, der eigene Körper reicht als Fitnessgerät aus, um aus dir eine Maschine zu machen. Sagt er.

Ob er das auch noch behaupten würde, hätte er jemals einen Körper wie meinen gesehen? Gerät ja, aber Fitness?

Nicht einmal zum Joggen will er mich schicken. Das Laufen bringe für die Fettverbrennung rein gar nichts, man würde auf dem Sofa liegend beinahe ebenso viele Kalorien verbrauchen. Zudem würden sich die Muskeln beim Ausdauersport sogar zurückbilden.

Ein guter Typ, ein gutes Buch. Ich lege mich kurz aufs Sofa und stelle mir vor, ich würde joggen. Ach nein, da schrumpfen ja die Muskeln.

Ich springe erschreckt auf und mache an der Treppe Klimmzüge. Also einen Klimmzug. Mit Hochspringen. Verdammt, ich muss echt was tun. Nach der Lektüre, versteht sich, ich will ja nichts falsch machen.

Die Softdrinks müssen weg, schreibt er. Langsam wird er unsympathisch. Zum Glück habe ich nur noch eine halbe Flasche Spezi im Kühlschrank. Ich trinke sie aus, soll ja alles weg. Ab jetzt gibt es bis zum Sommer nur noch Wasser. Ich überlege, ob ich Wasser oder alkoholfreies Radler ekliger finde. Was ich wählen würde, wenn ich bis zum Lebensende ausschließlich eines der beiden trinken dürfte.

Ein fürchterlicher Gedanke, ich lenke mich mit Liegestützen ab. Die ersten drei fallen mir leicht, insgesamt schaffe ich mit Hängen und Würgen um die fünfzehn.

Als ich 13 war, habe ich noch fünfzig geschafft und damit den Grundstein gelegt für den Schnittenkörper.

Ich erinnere mich daran, dass es auch den Unterarmstütz gibt. Wie Liegestütz, aber man stützt sich nicht auf die Hände, sondern auf die Unterarme. Und man muss sich nicht einmal bewegen. Mir hat jemand erzählt, dass es für eine gute Figur reichen würde, jeden Tag 90 Sekunden in dieser Position auszuharren.

Danach lasse ich es gut sein. Schließlich muss ich am nächsten Tag zum Schreiben noch den Stift halten können. Oder den Löffel, wenn ich mich mit Walnuss-Eis mit Kürbisöl belohnen will. Nüsse sind gut, sagt Mark Lauren, der Autor. Sie haben die unschädlichen Fette.

Milchprodukte sind auch gut, und es ist ja Milcheis.
Der Gedanke daran macht mich hungrig. Um guten Willen zu beweisen, nehme ich nur zwei Löffel Eis. Blöd dabei ist, dass alle Esslöffel in der Spülmaschine sind. Ich finde einen Schöpflöffel, der gerade so in die Eispackung passt. Dazu eine größere Schüssel, und das Problem ist gelöst.
Dann fällt mir wieder ein, dass bald Wiesn ist.
Ängstlich hole ich meine Lederhose aus dem Schrank. Sie passt nicht. Ich biete sie auf Facebook an und frage gleichzeitig, ob noch jemand aus seiner Lederhose herausgewachsen sei und sie mir verkaufen würde.
Nach 20 Minuten habe ich 10 neue Nachrichten. Tja, meine Freunde werden auch nicht jünger und schlanker. Aber dafür schamhafter. Wie feige ist das, den Post nicht direkt zu kommentieren.
Früher war das anders. Noch vor zehn Jahren hatten die Jungs überhaupt nichts dagegen, wenn ich in meinen Geschichten von ihren Heldentaten erzählt und ihre echten Namen verwendet habe. Heute drohen sie mit dem Anwalt, sollte ich es tun. Aber lustig finden sie sich. Wie ich erst in ihre Hose passen wolle, wenn sie es selbst schon nicht schaffen, wollen sie wissen.
Frustriert esse ich den Rest vom Eis direkt aus der Packung. Ich habe den Eindruck, meine Lederhose würde mich enttäuscht beobachten.
Auch Mark Lauren, der Autor des Buches, geht mir nicht mehr aus dem Kopf. Es fühlt sich wie eine Gehirnwäsche an, ich bekomme mein schlechtes Gewissen nicht mehr aus dem Kopf. »Eine gute Ernährung ist alles, Gefreiter Keidel!«, scheint er mich anzubrüllen. »Was hält Sie davon ab, jeden zweiten Tag eine halbe Stunde zu trainieren? Nichts außer Ausreden!«

Fett ohne Geräte

Ich muss schon sagen, er macht das gut.

Ich hasse ihn jetzt schon, aber er hat mir schließlich zur Geburtstagsfeier neidische und gierige Blicke versprochen. Ich greife zum Buch.

Eine Stunde lang versuche ich mich an albernen Übungen wie den *Bärengang*, dem *Dirty Dog* und dem *Maultiertritt*.

Nach *Das Dach brennt* brennen nicht nur wie angekündigt die Deltamuskeln, sondern der ganze armselige Körper.

Stolz darauf, etwas geleistet zu haben und höchstwahrscheinlich Deltamuskeln zu haben, gehe ich zum Duschen. Vorsichtshalber gehe ich seitlich durch die Badezimmertür, weil ich mich so muskulös fühle.

Mein Spiegelbild widerspricht mir sofort, aber ich bilde mir ein, dass man schon etwas sehen kann. Jetzt noch ein paar Eiweißshakes dazu, und alles wird gut.

Ich kann mich nicht erinnern, jemals so zufrieden ins Bett gefallen zu sein.

Ebenso kann ich mich nicht erinnern, jemals einen vergleichbaren Muskelkater gespürt zu haben.

Es fällt mir schwer, meinen Kaffee mit dem gesunden Kokosöl darin überhaupt in der Hand zu halten.

Später im Bus möchte ich meine Schuhe binden, es klappt aber nicht.

Es ist traurig, aber wahr: Ich kann meine Schuhe nicht mal mehr im Sitzen binden, weil ich mit den Händen nur bis zum Schienbein komme.

Ich sehe Mark Lauren vor mir.

»Ach komm schon«, sagt er. »Du wirst doch nicht schon jetzt nach Ausreden suchen?«

»Quatsch, nein«, antworte ich energisch. »Wo denkst du hin?

Heute kann ich ausruhen, und erst morgen muss ich wieder eine halbe Stunde trainieren. Das ist doch kein großes Ding! Andererseits wäre es halt einfach schade, wenn mir in zwei Wochen die neue Jeans nicht mehr passt.«

»Das wäre doof, zugegeben, aber wie viele HSV-Trikots hast du im Schrank hängen, die dir nicht mehr passen oder noch nie gepasst haben?«

Hm, denke ich, und ziehe mich an der Haltestange in den Klimmzug.

Das Fest kann kommen.

IM SPORTHOTEL

Das ist eine Geschichte über Fremdenhass. Über mangelnde Völkerverständigung. Über Arroganz. Warum ich mitschuldig bin, dass Polen nicht so gerne Flüchtlinge aufnimmt. Wie wir es einfach versemmelt haben.
Aber von Anfang an:
Dirk, Breiti und ich schauten wie Eichhörnchen, wenn's blitzt, als Gerd uns ansprach.
»Habt ihr Lust, als Aufsichtspersonen mit unserer A-Jugend zu einem internationalen Turnier nach Stettin zu fahren? Und ein bisschen auf die jungen Wilden aufzupassen? Ihr seid doch schon etwas vernünftiger.«
Nachdem wir nachgefragt hatten, wo denn Stettin liege, sagten wir sofort zu. Natürlich hatten wir Lust auf einen kostenlosen Urlaub an der polnischen Ostsee. Zumal wir in einem Sporthotel untergebracht werden sollten. Als Gerd außer Sicht- und Hörweite war, brachen wir lachend zusammen.
»Hat er vernünftig gesagt?«, brachte Dirk japsend hervor.
Wir dachten sofort an unsere letzten Eskapaden. Dirk wurde zu dieser Zeit in Rimpar wegen nächtlicher Ruhestörung gesucht, Breiti und ich hatten einen großen Teddybären an ein Gerüst in Würzburg gehängt, um Leute zu erschrecken, und zu dritt waren wir eine Woche zuvor mit dem Auto in einer Hecke gelandet.
Ich übertreibe nicht, wenn ich behaupte, dass wir uns damals in der Hochphase unserer Unvernunft befanden. In all den

Jahrzehnten der Filmgeschichte hat es niemals eine schlimmere Fehlbesetzung als uns gegeben. Wir konnten nicht einmal auf uns selbst aufpassen, wie sollten wir einer Horde Testosteronbullen Herr werden?

Okay, ab nach Polen also.

»Was sollt ihr sein? Aufsichtspersonen?«, fragte Esche, der Mittelstürmer der A-Jugend, bei uns nach. Auch er lachte sehr. »Die größten Böcke zum Gärtner, das wäre stark untertrieben.«

»Halt die Klappe«, antwortete Breiti sehr autoritär und pflichtbewusst. »Sonst gehst du am ersten Abend ohne Nachtisch ins Bett.«

Wir hatten Spaß, wussten aber zu diesem Zeitpunkt noch nicht, dass uns die gute Laune noch vergehen würde. Schon auf der Hinfahrt verloren die Jungs jeglichen Respekt vor uns. Sie hatten die mitgebrachten Tennisschläger entdeckt und konnten unsere Dummheit nicht fassen.

Andi, gebürtiger Pole und Spieler der Ersten Mannschaft des ASV Rimpar, war als wirkliche Aufsichtsperson und Übersetzer dabei. Er klärte uns auf: »Wir schreiben das Jahr 1991, erst vor zwei Jahren wurden die Grenzen geöffnet. Das Sporthotel wird weder etwas mit Sport noch etwas mit einem Hotel zu tun haben. Wie naiv seid ihr zu glauben, dass wir in unserer Unterkunft Tennis spielen können?«

»Ihr könnt es jedenfalls nicht«, sagte ich schnippisch. »Ihr habt keine Tennisschläger dabei.«

Beim Einchecken wussten wir, was Andi gemeint hatte. Die Bezeichnung »Jugendherberge der unteren Kategorie« hätte unserer Absteige geschmeichelt. Dennoch packten wir trotzig unsere Schläger aus und spielten Volleys über das einzige Doppelbett unseres 8-Mann-Zimmers hinweg.

Obwohl das Fußballturnier am nächsten Tag stattfand, wollten wir am Abend noch gediegen ausgehen.

»Nein, Gerd, du musst dir keine Gedanken machen. Du hast uns doch als Aufpasser mitgenommen, jetzt musst du uns auch Vertrauen schenken«, sagte Breiti, ohne rot zu werden.

In der ersten Kneipe lief es noch ganz gut für uns. Es war eher ein Restaurant westlichen Stils, es gab Warsteiner, gute Steaks und ausschließlich Touristen in dem Laden.

»Auf diese Art können wir auch in Würzburg ausgehen, ich will Land und Leute kennenlernen«, sagte Dirk.

Wir wussten alle, dass er mit Land und Leute Mädchen meinte. Aber weil er Aufsichtsperson war, gab es keine Widerrede.

Welch ein Zufall, dass genau drei Taxis vor der Tür standen und wir genau drei Taxis brauchten. Dass die drei Taxifahrer genau auf uns gewartet hatten und, als wir tatsächlich eingestiegen waren, beinahe vor Freude weinten, bemerkten wir nicht.

Gerd schaute uns skeptisch nach. Er fragte sich sicher zum ersten Mal, wie er auf die Idee gekommen war, uns mitzunehmen. Und wer wohl am nächsten Tag in der Lage sein würde, auf dem Platz zu stehen.

Wir dagegen wurden nicht einmal skeptisch, als die Taxifahrer mit uns in den Club gingen, in den sie uns gefahren hatten, und auf uns warten wollten.

Im Gegenteil. Wir dachten, wir hätten neue Freunde gefunden, und bezahlten ihnen alle Getränke, vorzugsweise Whiskey-Cola. Auf die Frage, ob es in Polen denn keine Promillegrenze gäbe, antworteten sie, dass sie mit den Polizisten befreundet seien. Nicht einmal das machte uns stutzig. Großkotzig bestellten wir uns flaschenweise Spirituosen und markierten den dicken

Max. »Den dicken Max markieren« war eine Redewendung. Aber wie treffend.

Alle Einheimischen hassten uns zu Recht und verprügelten uns nur deshalb nicht, weil wir so viele waren. Sie wussten nicht, dass zwei Jungs ausgereicht hätten, um uns restlos bediente Idioten umzupusten.

Die Tatsache, dass ich mich schon am nächsten Tag nicht mehr daran erinnern konnte, überhaupt in der Disko gewesen zu sein, lässt mich vermuten, dass ich zu später Stunde nicht mehr so viel Wert auf meine Aufgabe als Pädagoge gelegt habe.

Die Erinnerung setzt erst wieder zu dem Zeitpunkt ein, als wir die Taxis zahlen sollten. Stunden, nachdem wir eingestiegen waren.

»Lasst stecken«, sagte ich zu den Mitfahrern unseres Taxis. »Zahlt ihr das nächste Mal in Würzburg.«

Die paar Zlotys war ich gerne bereit zu zahlen, hier konnte ich Großzügigkeit beweisen.

»Hey, will euer Taxifahrer auch fünfzig D-Mark haben?«, rief uns Breiti aus dem anderen Taxi zu. Und tatsächlich, auch unser Chauffeur kam auf diesen Betrag.

Selbst der Fahrer des dritten Taxis.

Okay, jetzt schnallten selbst die Angeschlagensten, also Breiti, Dirk und ich, dass wir in die Touri-Falle getappt waren, vor der uns Eduard Zimmermann stets gewarnt hatte.

Wir fühlten uns aber immer noch relativ stark und sicher, wir waren bereit, entweder einen angemessenen Zloty-Betrag zu zahlen oder die Polizei zu rufen. Die Taxifahrer wählten die Variante mit der Polizei aus. Wobei sie *rufen* wörtlich nahmen. Die Polizisten mussten tatsächlich in Rufweite gewartet haben, denn keine Minute später standen sie vor uns.

Andi verdrehte die Augen. Er war einigermaßen nüchtern und hatte Angst, die Situation könnte eskalieren. Die Angst war nicht unbegründet. Die drei Typen in Kampfuniform sahen fies aus, ihre Hände umklammerten fest ihre Schlagstöcke. Trotzdem fühlten wir uns immer noch im Recht und ließen den bemitleidenswerten Andi unsere Empörung übersetzen. Einer der Polizisten, der, warum auch immer, stoisch auf einer Nelke herumkaute, hörte wortlos zu.

»Fifty Deutschmark«, sagte er nach Andis Plädoyer. An seinem Gesicht ließ sich ablesen, dass er sich auf keine weiteren Diskussionen mehr einlassen würde.

Andi nahm uns beiseite, beruhigte uns mit einem lauten »Jetzt haltet mal alle euer Maul!« und machte uns klar, wie unsere Lage aussah.

»Die Jungs sind von der Miliz, die verstehen keinen Spaß. Wir können entweder zusammenlegen und die 150 Mark abdrücken oder andernfalls mindestens eine Nacht in einer Zelle verbringen. Die sicher nicht ganz so luxuriös ist wie unsere Unterkunft. Und der eine oder andere von uns wird sicher morgen nicht spielen können, weil er so stark blutet.«

Und was soll ich sagen? Wir kratzten das Geld zusammen.

Jedes Mal, wenn ich Andi treffe, sagt er mir, wie glücklich er noch heute über diese Entscheidung ist.

Wir zahlten, verzichteten auf eine Quittung, und unsere polnischen Freunde und Helfer fuhren zufrieden weg.

Durch das ganze Adrenalin waren wir wieder einigermaßen nüchtern. Weil das nicht so bleiben durfte, gingen wir in die nächste Bar und kauften alle verfügbaren Spirituosen sowie ein paar Flaschen Cola ein. Schließlich war es erst drei Uhr, und unser erstes Auftaktspiel würde nicht vor Mittag stattfinden.

Aus unseren Tennisschlägern wurden Gitarren, die anschließende Party im Sporthotel war der Legende nach richtig gut. Bis plötzlich die Gardine in Flammen stand.

Ich wollte mir eine Zigarette anzünden, was nicht ganz klappte. Also schubsten die leichtsinnigen Jugendlichen mich, ihren vernünftigen Betreuer, zur Seite und löschten den Brand. Leider fiel der Vorhang auf meinen Koffer, was meine Kleiderwahl in den folgenden Tagen etwas einschränkte.

Was am nächsten Morgen nicht so die Rolle spielte, weil wohl eh kein frisches T-Shirt über meinen Kopf gepasst hätte. Das hätte die Miliz auch hinbekommen. Verschwendetes Geld.

Unglücklicherweise wollte Jörg, der bemitleidenswerte Trainer, auch Breiti, Dirk und mich in die Mannschaft einbauen. Klar, wir waren fußballerische Riesen, aber doch nicht in diesem Zustand.

Ich versuchte es: »Wie können ja gar nicht betreuen, wenn wir selbst mitspielen. Außerdem haben wir in letzter Zeit fast nur Tennis gespielt.«

Doch es half nichts, Jörg warf uns in der Kabine die Trikots zu. Wenigstens ein Kleidungsstück, das nicht nach Rauch stank.

Es hört sich erfunden an, aber wir marschierten verlustpunktfrei durch die Vorrunde und gewannen auch die K.-o.-Spiele, weshalb wir zwei Tage später gegen die Heimmannschaft im Finale standen. Schon bei den ersten Spielen waren wir nicht die beliebteste Mannschaft gewesen, aber im Finale bekamen wir den ganzen Hass zu spüren.

Circa 200 überwiegend ältere Zuschauer beschimpften uns pausenlos, sie pfiffen und spuckten in unsere Richtung. Wir sollten genau jetzt büßen für die deutschen Verbrechen im Dritten Reich. Sie stachelten ihre eigenen Spieler so an, dass deren Halsschlagadern anschwollen und sie mehr Meter grätschten als liefen. Nach jedem Ballkontakt musste man hochspringen, wenn man nicht zusammengetreten werden wollte. Der Versuch eines Tunnels wäre wohl gleichbedeutend mit einer mehrstündigen OP gewesen.

In diesem Spiel wurde der One Touch Football erfunden. Oft wird er Arsenal, ManU oder Barça zugeschrieben, richtigerweise war es die A-Jugend des ASV Rimpar. Plus Betreuerstab.

Im Geiste hörte ich meinen Gegenspieler sagen: »Gib mir fünfzig Mark, oder du landest im Krankenhaus!«

Einer von der Miliz steht am Spielfeldrand und nickt: »Ja, das stimmt. Das kostet so viel.«

Dazu Andi: »Ja, kostet so viel.«

In der Realität musste ich mich voll und ganz auf das Spiel beziehungsweise auf die heranrauschenden Knochenbrecher konzentrieren. Der polnische Schiri war uns keine Hilfe, außerdem wusste er sicher, wo unser Auto beziehungsweise Reisebus standen.

Mit einem 0:0 ging es in die Kabine. Wir waren so geschockt, dass minutenlang keiner einen Ton rausbrachte.

Dann erklärte uns Andi: »Okay, wir können wieder wählen. Entweder wir verlieren oder es tut richtig weh und wir können sicher nicht vollzählig nach Rimpar zurückfahren.«

Und was soll ich sagen? Wir verloren 0:3. Breiti, Dirk und ich hatten so entschieden. Wegen der Aufsichtspflicht.

»Na ja, wenigstens hat das Spiel keine 150 Mark gekostet«, resümierte Esche in der Dusche.

WICHTIGE SCHRITTE FÜR DIE MENSCHHEIT

Ich verstehe überhaupt nicht, wie man genervt sein kann von Flashmobs. Das ist endlich mal ein Trend, der mir gefällt.
Was habe ich geweint, als ich zum ersten Mal den schönsten Heiratsantrag der Welt, eine Art Flashmob, auf YouTube angeschaut habe.
Auch wenn sich Leute an öffentlichen Plätzen treffen und unvermittelt lossingen, bin ich gerührt. Da schäme ich mich überhaupt nicht, mein Innerstes nach außen zu kehren und meine Tränen zu zeigen.
Ein sensibler, moderner Mann eben!
Deshalb kam mir auch die Idee zum eigenen Flashmob. Hierfür rief ich auf Facebook dazu auf, sich mit mir zu treffen und Bier zu trinken. Wir singen dabei nicht, und man erkennt auch nicht wirklich einen Flashmob. Wenn man ehrlich ist, ist es vielleicht nicht einmal einer. Aber die Bezeichnung *Bierflaschmob* finde ich einfach zu schön.
Ich finde den Gedanken prima, dass Menschen zusammenkommen, die sich noch nie getroffen haben und wahrscheinlich auch nie mehr treffen werden. Für mich ist es spannend, wer wohl auftaucht und wie sich die Leute verstehen werden. Manchmal erscheinen auch Facebook-Freunde von mir, die ich schon ewig nicht mehr gesehen habe oder die ich persönlich gar nicht kenne.

Schwierig ist lediglich, einen geeigneten Ort zu finden. Die Nähe zu einer Tanke oder einem Kiosk ist unerlässlich, weil man für gewöhnlich zu wenig Bier dabei hat.

Der Bierflaschmob wird immer relativ spontan unter der Woche initiiert. Oft kaufen sich die Teilnehmer daher schnell zwei Bier und nehmen sich vor, nach deren Genuss nach Hause zu gehen. Obwohl sie wissen müssten, dass der gemeine Biertrinker gerade nach zwei Bier den größtmöglichen Durst hat.

»Ich trinke zwei Bier und komme dann nach Hause«, ist die vielleicht größte Lüge der Menschheit.

Beim ersten Mal haben wir uns an der Isar unter dem Kiosk an der Reichenbachbrücke getroffen.

Obwohl es auch für Anne der erste Bierflaschmob war, trat sie hochprofessionell auf. Sie hatte Gläser und zwei Flaschen Weißwein dabei. Okay, Wein statt Bier, eigentlich eine glatte Themaverfehlung, aber sie war die Einzige, die nicht am Kiosk nachkaufen musste.

Zudem hatte sie mir zwei Flaschen Bier mitgebracht, weil in ihrer Kühltasche noch Platz war. Wäre sie nicht glücklich verheiratet, hätte ich ihr wohl spontan einen Antrag gemacht. Wie süß ist das denn bitte?

Das zweite Problem bei der Ortsfindung ist, dass man die Möglichkeit haben sollte, eine Toilette aufzusuchen. Auch die gibt es unter der Reichenbachbrücke. Ein Dixie-Klo ist nicht jedermanns und vor allem nicht jederfraus Sache, aber es macht schon auch Spaß, mit gut gelaunten Menschen in der Schlange zu stehen und zu quatschen. Alles in allem war es ein sehr gelungener Abend.

Weil auch ich im Alter zeitweise bequemlich bin, haben wir uns beim zweiten Mal im Biergarten getroffen. Natürlich ging etwas vom Charme eines lupenreinen Bierflaschmobs verloren, aber schön war es trotzdem.

Und ich lernte einen weiteren Trend kennen. Ich rätselte eine Weile, warum gleich zwei Freundinnen, Priscilla und Sabine, unglaublich hässliche Uhren trugen. In Zeiten des Smartphones sieht man Armbanduhren nur noch sehr selten, jetzt aber gleich zwei. Nach einer Weile fragte ich nach.

»Ja«, sagte Sabine, »schön finde ich das Teil auch nicht, aber es hat einen Schrittzähler.«

»Aha«, antwortete ich, obwohl ich nichts kapierte. Das Wort *Schrittzähler* hatte ich das letzte Mal gehört, als ich in den 70ern mit meiner Tante und meinem Onkel beim Volkswandern war. Damals war das der letzte Schrei, und mein Onkel Manfred war in Sachen technischer Fortschritt immer ganz vorne mit dabei. Ich verstand schon damals nicht, worin genau der Sinn eines Schrittzählers besteht, aber als Achtjähriger hinterfragst du nicht so vehement.

Anders heute. »Warum habt ihr so etwas?«, wollte ich wissen.

»Das ist einfach«, erklärte Prisci stolz. »Seit ich dieses Gerät habe, versuche ich, jeden Tag mindestens 10 000 Schritte zu gehen. Dadurch fühle ich mich fitter und gesünder. Selbst wenn ich müde bin oder es in Strömen regnet, raffe ich mich fast immer auf und gehe eine Runde spazieren.«

Sabine nickte zustimmend, ich sagte wieder »aha«, obwohl ich nichts kapierte. »Spazierengehen war für mich immer schon ein No-Go«, sagte ich, glücklich über dieses Weltklasse-Wortspiel. »Wenn ich jetzt noch müde im Regen einen Spaziergang machen würde, würde ich die Achtung vor mir selbst verlieren.«

Jetzt war ich noch glücklicher, weil ich nicht wusste, welchen meiner beiden letzten Sätze ich großartiger fand.

Wichtige Schritte für die Menschheit

»Ach Keidel, du alter Depp«, mischte sich Andi ein, schob den Ärmel seines Longsleeves zurück und entblößte ebenfalls eines dieser Schrittzählerungetüme. Ich traute meinen Augen nicht. »Was ist falsch daran, sich etwas in Form zu halten?«, schob er nach. »Wenn ich mir dich so anschaue, könnte das Wort Selbstoptimierung für dich erfunden worden sein.« Jetzt nickten alle. Bitte? Da machst du für diese Sozialkrüppel einen Bierflaschmob, um sie aus ihrer Lethargie zu reißen und wieder unter Menschen zu bringen, und das ist der Dank?
»So 'ne Smartuhr ist schon ganz praktisch, ich habe meine zum Handyvertrag dazubekommen«, enttäuschte mich Lebemann Moses. »Ich versuche, jeden Tag unter 5000 Schritte zu bleiben.« Puh, Gott sei Dank, ich war nicht alleine.
»Ups«, sagte ich in der Hoffnung, das Thema wechseln zu können. »Mein Krug ist leer. Braucht noch jemand 'ne Mass?«
Sofort legten sich mehrere Hände auf meine Schulter und hinderten mich daran aufzustehen.
»Ich gehe Bier holen«, antwortete Sabine. »Meine Uhr zeigt erst 8077 Schritte.«
Wir schauten sie enttäuscht an.
»Ja, sorry«. Sie zuckte mit den Schultern. »Ich hatte die Uhr am Vormittag nicht um.«
»Ich helfe dir tragen«, schloss sich Andi an. Anscheinend hatte er sein Limit auch noch nicht erreicht.
»Was ist mit dir, Prisci, bist du schon im grünen Bereich?«, wollte Moses wissen, nachdem die beiden weg waren.
»Ach«, sagte sie, »wenn mir am Abend noch Schritte fehlen, stelle ich mich meist in den Flur und trete auf der Stelle. Und wenn ich ganz ehrlich bin, funktioniert der Schrittzähler auch, wenn ich mein Handgelenk schnell auf und ab bewege.«

Um die Bilder für immer in unser Hirn zu brennen, lieferte sie die Handbewegung dazu. Bevor sie innehielt und feuerrot anlief.
Da sich die Leute am Tisch noch nicht gut kannten, dauerte es ein paar Sekunden, bis alle laut loslachten.
Viele Fragen ploppten auf:
Ob sie dabei auf die Uhr schaue und sofort aufhöre, wenn die 10 000 erreicht wären?
Ob ihr Freund denn oft nachfrage, wie der Stand sei?
Ob er sie manchmal um Mitternacht wecke, weil ja schon wieder ein neuer Tag angefangen habe und sie heute lange im Büro sitzen würde?
Ob die Uhr denn auch den Puls anzeige? Und wessen Puls?
Unser Einfallsreichtum kannte keine Grenzen, auch unser Durst wurde proportional zur guten Laune immer größer.
Ums Bierholen musste ich mir keine Gedanken mehr machen. Noch vor dem letzten Schluck boten sich alle Schrittzählerträger an, eine neue Mass zu organisieren. So mussten sie kurzzeitig keine dummen Fragen beantworten. Sogar Moses ging einmal los, als er gefragt wurde, warum gerade er als Single nicht über 5000 … ähm … Schritte käme.
Ich werde auf jeden Fall versuchen, weitere Bierflaschmobs zu organisieren. Sicher ist, dass sich die Modeerscheinung Schrittzähler zumindest in dieser Gruppe nicht auf Dauer durchsetzen wird. Unsicher ist dagegen, ob genau dieser Abend allen gefallen hat und sie wiederkommen. Trotzdem bitte ich Priscilla, das nächste Mal ihren Freund mitzubringen.
Das wäre mal einer, der regelmäßig kommt.

Wichtige Schritte für die Menschheit

WAS HÄLTST DU VON 23 EURO?

Jeder kann Fan von dem Verein sein, der ihm gefällt. Zumal man es sich ja nicht aussuchen kann, weil man meist schon als Kind Fan wird. Es kann dir einfach passieren, dass du in Gelsenkirchen geboren wirst. Oder dass du dir den FC Bayern aussuchst, weil er erfolgreich ist.

Wenn du schon beim »Mensch ärgere dich nicht« das Brett in den Wohnzimmerschrank knallst, weil du rausgeschmissen wirst, suchst du dir nicht Union Solingen als Lieblingsverein aus.

Ich habe großes Glück, ich bin HSV-Fan geworden. Natürlich bin auch ich irgendwie ein Erfolgsfan. Also ich war es, weil der HSV Ende der 70er und Anfang der 80er eine Topadresse in Europa war.

Deshalb kann ich auch keinem böse sein, der Dortmund- oder Bayern-Fan ist. Deren Vereine auch heute noch erfolgreich sind.

Aber jedes Jahr Meister zu werden ist auch nicht das Gelbe vom Ei, und in Dortmund mag der Fußball Spaß machen, aber dort leben will man auch nicht unbedingt. Nach einem Auswärtsspiel in Dortmund haben wir es mal über zwei Stunden lang nicht geschafft, eine gute Kneipe zu finden. Noch nicht einmal ein anständiges Restaurant. Wir sind dann ins Kino und haben Tacos und Popcorn gegessen.

Vielleicht bin ich ungerecht und erzähle Quatsch, aber ich tue das, weil es mir gefällt. Und weil ich ein reines Gewissen habe. Und weil ich froh bin, den HSV gewählt zu haben. Diese Stadt, diesen Verein, dieses Stadion, diese Fans, dieses Wappen, diese Farben, dieses Stadion.

Darüber habe ich oft geschrieben, ich will niemand langweilen. Aber diese Spieler! Wie Peter Nogly, Kevin Keegan oder Karsten Bäron. Wie Valdas Ivanauskas, Bernardo Romeo oder Marinus Bester. Wie Sascha Jusufi, Andreas Sassen oder Tomáš Ujfaluši. Alleine ehemalige Spieler dieses Vereins aufzuzählen, macht unglaublich viel Freude. Vermutlich nervt es die Fans anderer Clubs. Sorry.

Ein paar noch, okay? Andrej Panadić, Miroslav Okoński und Walter Laubinger. Yordan Letchkov, Bernd Hollerbach und Ivan Buljan. Thomas Gravesen, Nico-Jan Hoogma und Peter Hidien.

Ja, ist gut jetzt. Volker Schmidt noch. Die Legende.

Moment: Wolfram Wuttke, Ole Bjørnmose und Harald Spörl. Bastian Reinhardt, Marcel Maltritz und Stig Tøfting.

Es ist wie bei einer Geburtstagsfeier. Ich will keinen vergessen: Erik Meijer, Ingo Hertzsch und Marek Heinz. Jimmy Hartwig, Thomas Doll und Rodolfo Esteban Cardoso.

So die meisten meiner Lieblingsspieler habe ich. Vielleicht noch Milan Badelj, Rudi Kargus und Ditmar Jakobs. Natürlich Horst Hrubesch und Manni Kaltz. Von den aktuellen Spielern Rick van Drongelen, Adrian Fein und Bakery Jatta.

Apropos Zweite Liga: Derzeit gewinnen wir recht oft. Wir kennen das Gefühl nicht so gut und genießen jeden Dreier. Auch weil wir wissen, dass wir nur aufsteigen müssen, um wieder auf die Mütze zu bekommen.

Der Haken am Aufstieg wäre zudem, dass wir dann wieder eine größere Rolle im modernen Fußball spielen würden.

In der Zweiten Liga ist alles etwas ruhiger, etwas ursprünglicher geworden. Der Fußball ist wichtiger als das Drumherum. Der Abstieg war bitter, aber die Zweite Liga gibt dir auch etwas zurück.

Statt in der Turnhalle auf Schalke kannst du jetzt zum richtigen Fußball fahren. Zum KSC und an die Bremer Brücke, auf die Bielefelder Alm, nach Bochum und Darmstadt, letzte Saison nach Berlin in die Alte Försterei. Sogar in Sandhausen war es unfassbar gut, viel besser als in Hoffenheim, Leipzig, Wolfsburg und wie sie alle heißen.

Die Allianz Arena ist indiskutabel und steht für all das, was die Fußball-Mafia DFB und die skrupellose FIFA aus diesem Sport machen wollen. Die Fans zählen nicht, nur das Geld.

Der Spieltag wird auf vier Tage ausgedehnt, egal, ob jemand an einem Montag tausend Kilometer fahren und einen Tag Urlaub nehmen muss, wenn er auswärts dabei sein will.

Sie wollen die Champions League größer machen, um noch mehr Profit einzustreichen.

Die Weltmeisterschaften werden verkauft und in Länder vergeben, in denen man eigentlich gar keine Fußballspiele austragen kann. Früher habe ich gerne Champions League geschaut, auch wenn der HSV nicht oft mitgespielt hat. Jetzt kickt mich nicht einmal das Finale.

Jede Weltmeisterschaft seit 1978 habe ich geliebt und beinahe jedes Spiel geschaut und mitgefiebert. Die WM in Russland war die erste, die ich nur halbherzig verfolgt habe. Das Ausscheiden der Deutschen ließ mich so kalt, dass ich erschrocken bin. Ich habe mir vorgenommen, kein Spiel der WM in Katar anzuschauen und hoffe, dass ich mental so stark sein werde, das durchzuziehen.

Die Krönung der Lächerlichkeit war für mich der Auftritt von Helene Fischer beim Pokalfinale 2017. Wie blöd muss man sein, den BVB-Fans und vor allem den Eintracht-Fans so etwas vorzusetzen. Und zu glauben, sie würden nicht eskalieren.

Kurzum, der Fußball geht kaputt.

Den FC St. Pauli sehen viele da nicht in der Verantwortung. Ich schon. Sie haben eigentlich ähnlich gute Voraussetzungen wie der HSV. Vor allem in Sachen Stadt. Dazu ein passables Stadion und zugegeben auch einige legendäre Ex-Spieler. Klar, ihre Aufzählung würde in eine Zeile passen, aber immerhin.

Das Problem liegt woanders. Ich würde das auch so sehen, wäre ich unter entsetzlichen Voraussetzungen Fan dieses Vereins geworden:

Der FC St. Pauli ist seit Jahrzehnten Trend. Das Gute an Trends ist eigentlich, dass sie schnell wieder verschwinden. Doch schon als ich jung war, hab ich überall in Deutschland Menschen mit diesem Totenkopf-T-Shirt gesehen.

Alleine die Tatsache, dass sie T-Shirts und niemals Trikots tragen, zeigt, dass sie keine Fans sind. Sie finden den Totenkopf cool und wollen selbst cool sein. Sie lieben nicht den Verein, sondern sich selbst.

Für mich ist jemand Fan, der am Spieltag die Aufstellung aufsagen kann, die wahrscheinlich auflaufen wird. Der weiß, wer verletzt und wer gesperrt ist. Der die Tabellensituation kennt und der alles versucht, das Spiel live zu verfolgen. Weil er während des Spiels eh zu aufgeregt ist, um sich konzentriert zu unterhalten, geschweige denn zu arbeiten. Meiner Meinung nach können 95 Prozent aller selbst ernannten St.-Pauli-Fans keine drei Spieler des Kaders aufzählen. Was sie aber können, ist, über den HSV herzuziehen und sich über ihn lustig zu machen.

All das erzähle ich diesem Mädchen im *Silbersack*, einer doch recht braun-weiß-dominierten Kneipe auf der Reeperbahn. Ich war dort mit Breiti und Andreas, der eigentlich als Einheimischer und St. Paulianer etwas auf mich aufpassen wollte.

Es ist eine Kneipe, in der Fans beider Lager gut miteinander auskommen, ich fühle mich da immer wohl.

Was hatte ich Spaß mit dem Barkeeper im braunen Trikot.

Ich hatte vier Bier bestellt, dazu eine Weinschorle, drei Cola-Asbach und eine Cola Light, für wen auch immer.

Er brauchte lange zum Ausschenken, aber noch länger zum Ausrechnen der Zeche.

Er wiederholte »vier Bier, Weinschorle, drei Cola-Asbach, Cola Light« mantraartig, dazwischen fielen immer abstrusere Zahlen, er schien zu rechnen.

Nach etwa drei langen Minuten schaute er mich an, lachte und sagte: »Ich hab keine Ahnung. Was hältst du von 23 Euro?«

Ich war einverstanden, zahlte 25 Euro.

Weil ich jetzt so gut gelaunt war, schrie ich zwischen zwei Liedern aus der Jukebox ein knackiges »Nur der HSV!« durch den Laden.

Klar war das unanständig von mir, so etwas tut man nicht in der Kneipe eines anderen Vereins. Ich verzieh mir sofort, schließlich ist der HSV meine Leidenschaft.

Ein Mädchen drehte sich entsetzt um.

An den Totenkopfohrringen erkannte ich ihre Gesinnung und brachte meine ganzen bereits genannten Argumente vor, warum ihr Verein nur ein trauriger Marketing-Gag sei.

Danach fragte sie kurz nach, ob ich endlich fertig wäre, und

schob in meiner Erinnerung ein »Du Arsch!« nach. Könnte aber auch ein schlimmeres Schimpfwort gewesen sein.
»Ich bin fünfundzwanzig und Fan seit meinem achten Lebensjahr. In den letzten zehn Jahren war ich vielleicht fünf Mal nicht im Stadion. Auswärts bin ich auch fast immer dabei. Viele der ehemaligen und die meisten der aktuellen Spieler kenne ich persönlich, frag mich ruhig nach den Sternzeichen. Oder nach den Spielern der Weltpokalsiegerbesieger-Truppe. Auch nach denen, die eingewechselt wurden. Am Spieltag kann ich die mögliche Anfangsformation und den Rest des Kaders aufzählen, ohne nachzudenken. Du bist nur neidisch, dass wir die Idee mit der Totenkopfflagge hatten und nicht ihr. St. Pauli ist Kult geworden, das hat mit einem Trend nichts zu tun. Kult kann nur werden, was Tradition besitzt. Klar gibt es im Stadion den einen oder anderen Studenten, der eigentlich nichts mit dem Verein am Hut hat. Dem sag ich durchaus auch mal die Meinung, weil er einem echten Fan das Ticket wegnimmt. Aber glaubst du, dass bei euch im Stadion keine Idioten rumlaufen, die eigentlich nur saufen und sich prügeln wollen? Denen das Spiel und der Verein egal sind? Wenn einer in München oder Düsseldorf mit unserem T-Shirt rumläuft, bin ich froh, dass er kein *Thor Steinar*-Zeugs trägt. Unsere T-Shirts sind schön, was man von dir und deinem Trikot nicht behaupten kann. Und jetzt verpiss dich, bevor ich mich vergesse.«
Gut, vielleicht hatte ich genau die eine erwischt, die echt mit dem Herzen dabei ist, aber vom Grundsatz her habe ich recht.
Gerade als ich zu einem »Aber ...« ansetzen wollte, kam Breiti zu uns. Sicher auch deshalb, weil sie trotz ihres gemeinen Wesens sehr gut aussah.

Was hältst du von 23 Euro?

»Hallo«, sagte er. »Ich bin der Frank. Wir wollen noch in den *Handschuh,* magst du mitkommen?«

Da ich die Chancen gering einschätzte, wenn ich mir ihre Halsschlagader anschaute, zog ich Breiti weg.

Auch Andreas war verwundert, dass ich gehen wollte.

»Das Mädchen da und du, ihr seid die beiden einzigen echten St.-Pauli-Fans. Und gerade an euch muss ich geraten!«

Er verstand nicht.

»Scheiß Kommerz!«, schrie ich ihn an.

Darauf konnten wir uns einigen.

UNHAPPY END

Alleine Urlaub machen ist was für mich.
Weil es wenig ähnlich faule Menschen wie mich gibt. Andere Menschen müssen immer etwas unternehmen im Urlaub.
»Ich bin so weit weg von zu Hause, ich will Land und Leute kennenlernen«, sagen sie.
Ich sage dann: »Ich bin jetzt so weit geflogen, da werde ich mich wohl mal ausruhen dürfen.«
Also war es der Jackpot für mich, zwölf Tage ganz alleine in Thailand relaxen zu können.
Die beiden Wochen zuvor hatte ich dort mit meinen Kindern und meiner Ex-Frau verbracht. Das war schön, keine Frage, aber wir hatten uns schon recht viel bewegt. Haste einen Tempel gesehen, kennst du sie alle. Jedes Bier dagegen schmeckt irgendwie anders.
Aus früheren Thailand-Urlauben wusste ich noch, dass ich keinen Platz lieber mag als Ko Pha Ngan. Also das ruhige Ko Pha Ngan, ganz ohne Fullmoon-Party und Techno und Drogen. Zumindest ohne Fullmoon und Techno. Ich dachte vor allem an Hängematte, an pappsüße Coffee-Shakes und ans Lesen.
Einfach nichts tun und am Abend mit dem Vorsatz einschlafen, das Gleiche am nächsten Tag noch mal zu machen.
Über den Reiseführer hatte ich ein nettes Ressort ausgesucht, sofort nach dem Anlegen der Fähre ein Moped gemietet. Klar hatte ich anfangs ein schlechtes Gewissen, wenn ich mir vor-

stellte, die Insel zehn Tage nicht mehr zu verlassen. Nach fünf Kilometern auf dem Moped waren alle Zweifel verflogen. Ich hatte bereits achtzehn Orte gesehen, an denen ich gerne angehalten hätte. Land und Leute gibt es genauso auf einer Insel, wozu sollte ich also weiterziehen?
Boah, diese Einleitung nervt. Keidel, komm zum Punkt!
Hey, chillt doch mal. Stellt euch 'ne Insel vor und Sonne und Urlaub.
Und sagt in dieser Vorstellung vor allem nicht zu eurem Partner: »Mensch, Schatz, auf der Nachbarinsel muss es 'nen superschönen Wasserfall geben, den will ich megagern sehen!«
Legt euch an den Strand und lest euch einfach diese Geschichte durch.
Macht gelegentlich die Augen zu und genießt die schönen Bilder. Ich muss doch nicht immer lustig sein, ich bin vielseitig. Ich mag diesen entschleunigten Text, zumal er meine Eintrittskarte ins Hochfeuilleton sein könnte: »Keidel besticht durch die Ruhe in seinem Text. Mag man auch manchmal kurz vor dem Einnicken sein, holt er einen doch mit Wortkreationen wie *pappsüße Coffee-Shakes* wieder ins Leben und in die Geschichte zurück. Man schmeckt den Zucker, spürt das Koffein, der begnadete Keidel hat uns Leser in der Hand, spielt mit uns. Man hat den Eindruck, als hätte er nie diese albernen Fußball- und Biergeschichten geschrieben.«
Die ersten Tage lag ich demnach nur am Strand und in der Hängematte, las und trank Coffee-Shakes, überlegte dazu in Dauerschleife, was ich als Nächstes essen wollte. Ich wurde etwas fülliger, aber auch glücklicher.
Ja, kann sich jeder vorstellen, worauf willst du hinaus?
Brrr, Augen schließen …

Am dritten Tag fiel mir etwas auf: Es war komisch, als Mann alleine in Thailand unterwegs zu sein.
Dabei war ich so entspannt, ich dachte nicht einmal an Sex. Nicht sehr oft zumindest. Zu viel Bewegung. Aber man denkt, dass es alle anderen von dir denken.
Immer wenn mich jemand ansah, also relativ häufig, vermutete ich, man würde mich für einen Sextouristen halten. So paradox das auch ist. Aber was soll ein Typ schon in Thailand wollen, wenn er zu schwabbelig zum Boxen und zu unbeweglich für Yoga ist.
Es war so, wie wenn man von der Polizei angehalten wird, nichts getrunken hat, sich aber trotzdem schuldig fühlt.
Wie wenn man auf dem Konto im Plus ist, aber trotzdem die Luft anhält, bis die Scheine im Geldautomaten rascheln.
Um ein Zeichen zu setzen, ging ich zur Thaimassage. Ich wusste noch von früher, wie schmerzhaft das ist und wie wenig das mit Sex zu tun hat.
Aus Trotz ging ich zur grimmigsten Masseurin.
Sie sah nicht nur aus wie eine Käfigkämpferin, sie war früher sicher auch eine. Bevor sie lebenslang gesperrt wurde, weil sie mehrmals Menschen, die schon weinend aufgegeben hatten, mit der Handkante zerstückelt und im Ring aufgegessen hatte.
Von Begrüßungsfloskeln schien sie nichts zu halten, vielmehr wies sie mir mit dem Kinn den Weg zur Pritsche.
Ich schaute mich nach Lotosblüten um und nach weichen, weißen Handtüchern, aber da war nichts außer der Pritsche und meiner Angst, die Pritsche könnte eine Bahre sein.
Ich hatte schon Ängste, die unbegründeter waren.
Ohne Aufwärmphase sprang sie mir ins Kreuz wie seinerzeit Augenthaler Völler in die Beine.

Ich schrie vor Schmerz auf, sie jauchzte vor Vergnügen.

Vom ersten Augenblick an wusste ich, dass es nur ums Überleben ging. Die bleibenden Schäden waren mir egal.

Es fühlte sich so an, als müsste ich für alles büßen, was der ekelhafte Europäer je in Thailand verbrochen hat.

In meiner ersten Wachkoma-Phase überlegte ich, ob ich die teure Auslandskrankenversicherung mit Rücktransport abgeschlossen hatte.

Die Tortur dauerte 15 Minuten, 15 Jahre im Drogenknast in Bangkok können nicht viel schlimmer sein.

Während sie mich auseinandernahm, unterhielt sich die Henkerin mit ihrer Kollegin, wahrscheinlich über das Wetter, oder sie tauschten Rezepte aus.

Als sie mich mit einem liebevollen Faustschlag auf den Hinterkopf erlöste, fürchtete ich, beim Aufstehen wie ein Kartenhaus zusammenzufallen.

Erstaunlicherweise konnte ich noch sprechen und gehen. Ich zahlte, bedankte mich mit überkreuzten Fingern und rannte weg. Ich rechnete jeden Augenblick damit, sie würde mich einholen, abgrätschen und mir dann den Rest geben.

Erst als ich meinen Bungalow abgeschlossen und die Fenster abgedunkelt hatte, fühlte ich mich einigermaßen sicher. In der Abenddämmerung traute ich mich mit Käppi und verspiegelter Sonnenbrille wieder raus.

Der Abend verlief wie jeder andere. Essen, trinken, rauchen!

Am nächsten Morgen fiel es mir schwerer, nach draußen zu gehen. Jede Bewegung tat mir unglaublich weh, ich sah mich in der Reha. Wie sie mir mühsam das Laufen beibrachten.

»Gut, Herr Keidel, morgen schaffen Sie vielleicht schon drei Schritte!«

Ich robbte quasi an den Strand. Nach zehn Minuten im Wasser, drei Bier, einer Portion Reis und einer ganzen Ananas ging es eigentlich wieder. Ich esse sonst nie Obst, aber mein geschundener Körper gierte danach.
Kommt da noch was, Keidel, oder geht das jetzt so weiter mit dem Gejammer?
Ja, ja!
Wer mich kennt, weiß, dass ich sehr tapfer bin. Deshalb überlegte ich gegen Abend, erneut zur Massage zu gehen. Wenn man vom Pferd fällt, soll man ja auch schnell wieder aufsteigen. Zur Metzgerin wollte ich nicht noch einmal, ich brauchte etwas Ruhiges. Auch bei uns im Ressort gab es Massagen. In einer Hütte, zu allen Seiten offen, direkt am Strand, direkt am Restaurant. Sehr sympathische Damen erwarteten mich.
Ich studierte das Angebot, eine Thaimassage kam nicht mehr infrage. Da ich keine Ahnung hatte von den unterschiedlichen Massagen, entschied ich mich für eine Ayurvedamassage, weil sie sich am wenigsten brutal anhörte.
Hach ... gut riechendes Ayurvedaöl, eine zärtliche, aber bestimmte Nacken- und Rückenmassage, danach schön essen, alles wäre wieder im Lot.
Erste Bedenken hatte ich, als mich meine Masseurin lächelnd begrüßte und mich zur Matratze führte. Der Platz war perfekt. Angenehme Musik, weiße, weiche Handtücher, drapierte Lotosblüten. Lediglich die Masseurin war etwas zu perfekt. Noch nie hatte ich eine so schöne Frau gesehen. Ich übertreibe nicht, wenn ich mutmaße, dass ihre Konkurrentinnen bei einer Miss-World-Wahl bei ihrem Anblick kurz geschmunzelt und dann ihre Sachen gepackt hätten. Warum Zeit verschwenden, wenn der Sieg schon vergeben war.

Ich wischte mir kurz meine Mundwinkel trocken und legte mich bäuchlings hin. Sofort dachte ich an jugendliche Knutschereien im Meer oder Schwimmbad. Als ich nie gleichzeitig mit den Mädels zurück an den Strand wollte.
»Ach, geh du schon mal vor, ich komme in einer Viertelstunde nach. Ich liebe Schwimmen!«
Nach dieser Massage würde ich wohl erst aufstehen können, wenn sich die ersten Wolken vor den Mond schieben würden. Ah … schieben … ich durfte nicht einmal an solche Wörter denken.
Dann wurde alles noch viel schlimmer. Erst hielt ich es für einen Witz, als sie mir klarmachte, ich solle mich auf den Rücken legen. Leider meinte sie es ernst.
»Ayurveda massage always on the back«, säuselte sie.
Unnötig zu erwähnen, dass auch ihre Stimme sexy war.
Doch ich konnte nicht schon wieder davonlaufen, ich musste mich stellen.
Gleichzeitig wusste ich, dass ich sterben würde. Ich hatte nichts als Badeshorts an, das konnte ich unmöglich überleben. Um etwas Ekel zu spüren und um auf andere Gedanken zu kommen, leckte ich beim Umdrehen meinen eigenen Angstschweiß aus dem Gesicht.
Sie begann mit meinen Unterschenkeln. Das ging ja noch, vielleicht dürfte ich mich danach wieder auf den Bauch drehen.
Als sie das erste Mal mein Knie berührte, bewegte ich mich derart ruckartig, dass endlich auch die Restaurantgäste auf mich aufmerksam wurden und sich gegenseitig anstupsten. Vielleicht war das hier so ein Running Gag oder eine Ausgabe des thailändischen »Verstehen Sie Spaß«.
Die anwesenden Masseurinnen prusteten sowieso jedes Mal

los, wenn sie in mein Gesicht schauten. Sie sahen ein knallrotes Gesicht, beinahe platzende Adern und sicher auch meine Tränen. Ich kämpfte und versuchte krampfhaft, sämtliche Körperflüssigkeiten in meinem Kopf zu konzentrieren. Ich glaubte, sogar etwas Galle in meinem Mund zu schmecken.

Leider war auch am Knie noch nicht Schluss. Miss World massierte jetzt meine Oberschenkel. Meine vorderen Oberschenkel! Dabei glitt sie mit ihren wunderschönen Fingern vom Knie bis kurz vor meinen Schritt. Die Restaurantgäste legten die Stäbchen weg, gackerten, auch die ersten Strandspaziergänger blieben stehen.

Ich wusste, dass ich in wenigen Minuten die Kontrolle über meinen Körper verlieren würde. Und dass ich in einer Nacht-und-Nebel-Aktion würde auschecken müssen.

»How long?«, presste ich deshalb zwischen meinen Zähnen hervor.

»Not so long I think«, versuchte sie, die Situation etwas aufzulockern.

Dabei schaute sie auf meine Shorts. Wie alle anderen auch.

Ich visualisierte die Käfigkämpferin, dachte an die gestrigen Schmerzen. Ich stellte mir den hässlichen St.-Pauli-Totenkopf vor, dachte an Bayern München, an Uli Hoeneß. Ich stellte mir Donald Trump nackt vor. Dann Hoeneß und Trump nackt. Wie sie miteinander schliefen.

Ich versprach der katholischen Kirche, ab jetzt immer nach den Zehn Geboten zu leben, ich versprach mir selbst, mich nie mehr massieren zu lassen.

Ich wollte in Zukunft keine Schimpfwörter mehr verwenden und nur noch artige Texte schreiben, ich würde keine Fahrradfahrer mehr anpflaumen. Nicht einmal Liegeradfahrer. Meinetwegen können alle Fahrradhelme tragen, das muss doch jeder selbst entscheiden. Ist voll okay für mich, nie mehr würde ich darüber lachen. Und wenn es noch so albern aussehen würde.

Kein Mensch hatte es verdient, von mir gedisst zu werden. Alle Menschen sind doch gleich, ich liebe sie alle, warum nur war ich manchmal so ungerecht?

»Ready, my friend«, hauchte sie mir ins Ohr, über mich gebeugt.

Gott, war ich froh!

Zuerst traute ich mich nicht, die Augen zu öffnen. Zum einen wollte ich nicht riskieren, aus Versehen in ihren Ausschnitt zu blicken, andererseits hatte ich unglaubliche Angst vor meinem Unterleib.

Nach ein paar Sekunden wagte ich es doch, ich blickte nach unten.

Ich hatte es geschafft, ich war der Gott der Selbstkontrolle, jetzt würde mich niemand mehr aufhalten können.

Die Leute am Strand applaudierten zuerst leise, dann brach der Applaus los. Die Restaurantgäste standen auf, jubelten und prosteten mir zu. Sektkorken knallten, die ersten Raketen wurden gezündet.

Die restlichen Tage waren wunderschön, ich war der Held von Ko Pha Ngan.

Trotzdem bleibt ein bitterer Nachgeschmack. Seitdem bin ich zwar ein besserer Mensch, aber das Bild von Donald und Uli geht mir einfach nicht mehr aus dem Kopf.

BECAUSE THE NIGHT BELONGS TO HSVERS

Es war einmal …
Ich habe kein Bier mehr zu Hause, also muss ich doch mal raus. Um nicht erkannt zu werden, setze ich eine Sonnenbrille auf und ziehe die Kapuze meines Hoodies tief ins Gesicht.
Kaum fällt die Tür ins Schloss, steht Ludwig vor mir.
»Geil gespielt, der HSV, am Wochenende!«
Ich zucke zusammen, laufe rot an, und mein Mund ist ganz trocken. Ich bringe keinen Ton heraus. Aber selbst wenn ich sprechen könnte, was sollte ich sagen? Ich mag nicht mit einem Bayern-Fan über die Erfolge unserer Klubs reden. Der HSV hat in den letzten zehn Spielen 20 Punkte geholt. Ich komme einfach nicht damit klar, dass HSV-Spieler Torchancen haben, Doppelpässe spielen und in Jubeltrauben zusammenstehen.
Das geht nicht von heute auf morgen. Ich bin es gewohnt, von Woche zu Woche ausgelacht zu werden, wenn der HSV verliert.
Wenn wir gewinnen, werde ich beschimpft, weil es wieder mal ein glücklicher Sieg war.
»Dieses Jahr seid ihr fällig!« Wie oft habe ich diesen Quatsch schon gehört. Mittlerweile müssten doch alle wissen, dass wir nicht absteigen können. Wenn es mal knapp wird, müssen zur Not 27 Punkte oder ein Marcelo Diaz reichen.
Aber 20 Punkte in zehn Spielen? Was soll das?

Ich habe sofort nach dem letzten Sieg zwei Wochen Urlaub eingereicht und mich in der Wohnung eingeschlossen.
Seit über einer Woche chatte ich nun schon mit Kathrin und Timo in der Selbsthilfegruppe »Erfolgsfan«. Gut, Kathrin und Timo geht es besser, weil sie in Hamburg unter Leidensgenossen leben, aber auch Timo schrieb gestern: »Wenn das so weitergeht, ist das nicht mehr mein Verein!«
Worauf Kathrin antwortete: »Was, wenn wir schon am 30. Spieltag gerettet sind? Oder wenn wir irgendwann wieder oben mitspielen? In Europa kennt uns doch keine Sau mehr.«
»Na ja«, schrieb ich zurück, »es ist der HSV. Vielleicht rutschen wir ja doch noch unten rein.«
Das hat sie beruhigt. Wir helfen uns eben, wo wir können.
Ach Mann, was ist nur aus uns geworden? All die Jahre waren wir die Deppen der Nation. Wir wurden schon in einem Atemzug mit dem Club und den Löwen genannt. Jetzt mit Real und Juve ... oder zumindest mit Augsburg und Mainz.
Ich lasse Ludwig einfach stehen und sprinte zum Getränkemarkt. Aber auch der Einkauf gestaltet sich komisch. Der Typ an der Leergutannahme begrüßt mich freundlich, und die Frau an der Kasse zwinkert mir zu. Auf dem Parkplatz treffe ich eine alte Freundin.
»Gut siehst du aus«, sagt sie. »Was ist mit dir los? Deine Körpersprache ist eine andere. Sonst bist du immer so schüchtern und verschlossen, heute gefällst du mir. Lass uns heute Abend ausgehen.«
»Ich ruf dich an«, antworte ich und renne weg.
Sofort suche ich Rat in meiner Gruppe.
»Ja«, meint Timo, »mich sehen sie auch ganz anders an. Wir dürfen uns nicht mehr verstecken. Zieh heute Abend ein

HSV-Trikot an und geh mit ihr weg. Vielleicht bringt uns der Erfolg ja wenigstens körperlich was.«
»Halt! Halt!«, mischt sich Kathrin zusammen mit zwanzig Tränenlach-Emojis ein. »Wir beide wissen, wie Volker aussieht. Vielleicht sollte er erst einmal zufrieden sein, da unten im Süden überhaupt soziale Kontakte zu knüpfen?«
Mein Selbstvertrauen ist inzwischen so groß, dass ich das für einen Witz halte und lieber Timo Glauben schenke.
Ich verzichte aufs Duschen und ziehe mir ein hässliches »ADIG Investment«-Trikot an. Wenn sie mich unbedingt wollen, nehmen sie mich auch so.
In der S-Bahn grüßen mich fremde Menschen wohlwollend, und drei sehr attraktive Frauen setzen sich zu mir auf den Vierer, obwohl genügend andere Plätze frei sind.
Ich sage »Hi!«, und die Schönheiten sagen wie aus einem Mund: »Eigentlich haben wir Backstage-meet-and-greet-and-perhaps-more-Karten für Robbie Williams, aber lieber würden wir mit dir in einer Eckkneipe Bier trinken.«
Extrem unwahrscheinlich, dass drei Menschen ohne Absprache einen so langen Satz gleichzeitig sagen. Aber weshalb sollte ich lügen? Das habe ich nicht nötig. Nicht mehr.
»Okay«, antworte ich. »Let me entertain you!«
Im Pasinger Poststüberl wollen sie alles wissen … über den HSV! Wie das gewesen sei 1983 und alles über die Einwechslung von Karsten Bäron.
Als ich vom legendären Spiel in Karlsruhe erzähle, fällt es mir schwer, die vielen Hände und Zungen an meinem Trikot abzuwehren. Ich brauche eine Auszeit und flüchte auf die Toilette.
Erst sage ich der Freundin vom Parkplatz ab, dann danke ich Timo für die Tipps.

Zurück an der Theke, haben die Mädels bereits gezahlt und ein Taxi bestellt.

Sie hätten kurz überlegt, noch bei Robbie vorbeizuschauen, wollen aber doch lieber zu mir nach Hause.

Auf der Taxifahrt singen wir zusammen *Mein Hamburg lieb ich sehr*, gefolgt von *Hamburg meine Perle* und *Wer wird Deutscher Meister?*

In meiner Wohnung öffnen sie meinen Kleiderschrank und probieren meine Trikots an. Dann schauen wir hintereinander die Karlsruhe-DVDs und beide Juve-Spiele in voller Länge an. Nach dem 4:4 wollen sie ins Bett. Ich soll mir ein BP-Trikot, HSV-Shorts und Stutzen anziehen.

»Ach hört auf«, sage ich. »Es ist doch NUR DER HSV, den ihr gut findet.«

»Ja, natürlich.« Sie lachen.

»Okay, scheiß drauf!«, rufe ich und ziehe mir erwartungsvoll die Stutzen über die Knie.

»Nein, Volker! Du hast es doch selbst gesagt. Es ist der HSV, nicht du.«

»Aber ...«, beginne ich.

»NEIN!«, unterbrechen sie mich.

»Tomorrow, my friend! Tomorrow!«

Einige Zeit später ...

Hm, wir sind jetzt doch abgestiegen. Wir konnten den Zwei-Punkte-Schnitt nicht wirklich halten.

Das heißt, dass es auch um Kathrin, Timo und mich etwas ruhiger geworden ist. Anfangs waren wir froh, endlich mal durchschnaufen zu können, aber die Durststrecke Sommerpause war schon etwas lang.

»Halt durch«, beruhigte ich Timo. »In der Zweiten Liga brauchst du viel Kraft, wenn wir da durchstarten.«
Kathrin hatte noch mehr Angst.
»Und wenn wir so etwas werden wie Nürnberg, Bochum oder die Löwen? Als graue Maus wird es dir nicht einmal mehr was bringen, wenn du die Stutzen über die Knie ziehst.«
Umso glücklicher war ich, als es endlich losging. Leider passierte etwas Unglaubliches ... wir verloren zu Hause 0:3 gegen Kiel und rutschten tatsächlich ab in die sexuelle Bedeutungslosigkeit. Keine fremden Menschen mehr, die dich in der Innenstadt aus fadenscheinigen Gründen ansprechen, nur um dich unauffällig berühren zu können.
Ich wusste, dass ich handeln musste. Daheim verkriechen war keine Option, also besorgte ich Karten für das erste Auswärtsspiel in Sandhausen.
Den Sandhausenern war unsere Auftaktniederlage egal, sie brachten uns all ihre Liebe entgegen. Sie erklärten uns bereits im Hamburger Hauptbahnhof auf Plakaten den Weg nach Sandhausen, sie organisierten uns in Nähe des Hartwaldstadions einen eigenen Biergarten, wo wir unglaublich nett empfangen und wo ausschließlich HSV-Lieder gespielt wurden.
Zum glücklicherweise nur emotionalen Höhepunkt kam es dann im Stadion. Kaum hatte ich es betreten, fragte mich ein netter Mann, ob ich denn ein Bier haben wolle.
»Äh, ja, sehr gerne«, stammelte ich. »Wenn es keinen Long Island Ice Tea gibt.«
Nonchalant lächelte er meinen unterirdischen Witz weg und hakte nach: »Wie viele?«
Langsam wurde ich richtig unsicher, zumal er außer einem Stapel Flyer nichts in der Hand hielt.

Ich ging aufs Ganze: »Wir sind zu dritt, ich würde drei Bier nehmen.«

Daraufhin drückte er mir drei Flyer in die Hand, die sich als Bier-Gutscheine entpuppten. Aber sie waren schöner als tropische Schmetterlinge.

Ich starrte sie fassungslos an, darauf stand sinngemäß: »Ihr seid jetzt so viele Kilometer gefahren, trinkt erst einmal ein Bier.«

Ergriffen strahlte ich den Typen an, bedankte mich und stellte mich aufgelöst in die Bierschlange. Selbst den grimmigsten Alt-Hauern ging es nicht anders als mir.

»So etwas hab ich noch nie erlebt«, sagte einer mit Tränen in den Augen.

Ich will da andere Vereine nicht unter Druck setzen, aber dieses Erlebnis war ganz besonders, und ein Freibier ist um einiges angenehmer als diese plumpen körperlichen Annäherungen.

Die natürlich nicht ausblieben, weil wir im Laufe der Saison immer erfolgreicher wurden. Nach der souveränen Herbstmeisterschaft und etwas später nach dem 4:0 beim Stadtteilverein standen wir quasi mit einem Bein auf dem Rathausmarkt. Selbst nicht extrem attraktive Freunde erzählten, dass nach diesem Spiel auf dem Kiez jede zweite Frau mit ihnen ins Bett wollte. Weil aber der HSV der HSV ist, vergeigten wir danach alles und schafften es gerade noch, nicht aufzusteigen.

Wieder hieß es durchschnaufen. Sommerpause, Durststrecke, wie gehabt.

Nun, diese Saison wird es wohl klappen mit dem Aufstieg. Die Mannschaft spielt manchmal so gut, dass mich auch Menschen wollen, die sich gar nicht mit Fußball auskennen.

Sooft es geht, ziehe ich das unsägliche rosa HSV-Trikot an, um sie auf diese Weise etwas auf Abstand zu halten.

Kathrin hat das Problem gelöst, indem sie für mehrere Monate ins Ausland gegangen ist. Wo sie und den HSV keiner kennt. Timo versucht, auf Facebook nur noch fußballfremdes Zeugs zu posten. Geschichten vom Mauerfall, über *Fridays for Future* und vom Urlaub in Österreich.
»Bei Österreich denkt niemand an Fußball«, erklärte er stolz seinen Schachzug.
Im Moment geht es einigermaßen, weil wir eine etwas schwächere Phase durchschreiten. Wir haben den ersten Platz an Bielefeld abgeben müssen. O Gott, man stelle sich das Szenario vor, Bielefeld hielte dieses Niveau und stiege natürlich hinter dem HSV als Zweiter auf! Weil beide Vereine eine innige Fanfreundschaft verbindet, kann man sich ausmalen, was bei einem Doppelaufstieg in den Betten zwischen Bielefeld und Hamburg los wäre.
Ach, egal, ich ziehe meine Stutzen schon mal über die Knie.

ICH WEISS

In diesem Jahr gehe ich hin, zu diesem Weißen Fest.
Astrid und Željko haben wieder eingeladen, und dieses Mal ist mir kein Fußballturnier dazwischen gekommen, das ich als Ausrede hätte nutzen können.
Nein, das ist ungerecht. Ich gehe gerne hin, ich mag die Leute dort alle.
Aber warum feiern meine Freunde ein Weißes Fest? Mich interessiert das wirklich. Ich muss das herausfinden. Weißes Fest … wie kann so etwas Trend werden?
Wäre ich früher im ländlichen Unterfranken auf die Idee gekommen, so ein Fest zu feiern, hätten sie extra für mich am Marktplatz wieder einen Pranger hingestellt und mich schön bespuckt.
Obwohl wir alle weiße Feinripp-Unterhemden als Garderobe gehabt hätten. Die Jungs hätten alle direkt vom Autowaschen zu mir kommen können. Heute wühle ich wie ein Verrückter im Schrank, aber wie es aussieht, habe ich kein einziges Unterhemd mehr. Bei Gelegenheit müsste ich mal die Schränke meines Vaters durchsuchen, dieses lässige Lucky-Strike-Unterhemd muss doch irgendwo sein. Auch wenn es eventuell aktuell nicht mehr ganz so gut an mir aussieht.
Ich müsste ebenso nach meinem braun gebrannten 78-Kilo-Körper suchen. Verrückt, wie in nur dreißig Jahren mal eben fünfzehn Kilo weiße Masse Besitz von deinem Astralleib nehmen können.

Schwamm drüber, ist ja schließlich auch ein Weißes Fest.
Jetzt ganz im Ernst: Wer erfindet so etwas und warum? Los, Google, erzähl!
Zuerst finde ich im Netz ein Weißes Fest im Swingerclub. Man darf ausnahmslos weiße Kleidungsstücke an- und vor allem ausziehen.
Ich krame sofort die Einladung raus. Nein, da steht nur was von Grillen und Cocktails, nichts von *Alles kann, nichts muss.*
Schade, kurz hatte ich gehofft, Astrid und Željko würden es mal richtig krachen lassen. Vielleicht ist es aber besser so, weil ich alleine hingehen werde und man als einzelner Mann beim Swingen immer etwas blöd angeschaut wird. Sagt ein Freund.
Ansonsten kann ich im Netz nur weiße Szene-Events finden, keine Spur von Herkunft und Tradition. Womöglich sind diese Feste wirklich nur eine Erfindung unserer Generation.
Also frage ich im Freundes- und Kollegenkreis nach Theorien. Die schlüssigste für mich ist die, dass man elitär sein will. Oder dass die Zeit der Abstürze in versifften Clubs vorbei ist und Endvierziger lieber gepflegt zusammensitzen und beim Trinken plaudern. Ein Aperol Spritz sieht einfach zu weißer Kleidung besser aus als zu einem zerrissenen *Metallica*-T-Shirt.
Apropos Kleidung: Was ziehe ich bloß an?
Keine Fußballtrikots steht in der Einladung. Es macht mich etwas stolz, dass diese Ansage extra für mich geschrieben wurde. Gleichzeitig regt es mich auch auf, weil ich bestimmt 25 schöne weiße HSV-Trikots zu Hause habe.
Wie ich doch immer durchschaut werde. Bin ich so leicht einzuschätzen?
Aus Protest warte ich bis zum Tag des Fests, bis ich mein Outfit einkaufe.

Ich weiß

Natürlich habe ich außer Trikots keine weißen Klamotten, noch nicht einmal T-Shirts und Socken. Verrückt, in den 80ern hatte ich beides nur in Weiß.

Weiße Schuhe habe ich immerhin. Komplett weiße Adidas. Warum um alles in der Welt habe ich weiße Schuhe? Ah, über den Streifen steht *Hamburg* ... sehr schöne Schuhe!

Mit der Gewissheit, die Kleider nach dem Fest nie mehr tragen und deshalb nicht viel investieren zu wollen, schaue ich mich im C&A um.

Ein weißes T-Shirt ist schnell gefunden. Selbstverständlich Fair Trade, um bei meinen umweltbewussten SUV-Freunden nicht anzuecken.

Schwieriger wird der Hosenkauf. Viele weiße Hosen gibt es hier nicht, und die wenigen sind wahnsinnig hässlich bedruckt. *Beach Club Miami* oder *White* steht drauf. Echt. Eine weiße Hose mit dem Aufdruck *White*. Das gefällt mir, ich bin kurz davor, sie zu kaufen. Dann erblicke ich eine knielange Hose mit Palmen drauf. Sie ist noch günstiger und würde sicher gut aussehen zusammen mit dem weißen, eng anliegenden T-Shirt. Daheim vor dem Spiegel muss ich feststellen, dass es nicht gut aussieht.

Im Gegenteil. Ich hätte nie gedacht, überhaupt so schlimm aussehen zu können. Mit zwanzig Jahren wäre dieser Look vielleicht okay gewesen, aber dadurch, dass die fünfzehn weißen Kilo meinen Körper übernommen haben, ist das Tragen eines eng geschnittenen T-Shirts grenzwertig.

Ich sehe aus wie ein riesiges Marshmallow, wie ein gestrandeter weißer Hai, wie eine Weißwurst kurz vor dem Platzen.

Einzig die Hamburg-Schuhe sind passabel, ich muss die Blicke auf meine Füße lenken. Ich übe Handstand.

Selbst im Aldi, wo ich noch schnell Fleisch hole, schauen sie mich abfällig an. Ich zeige auf meine Schuhe und sage: »Nur der HSV!«
Um halb sieben bin ich der erste Gast.
»Interessante Kleiderwahl«, sagt Astrid, und selbst das tut ihr weh. Ich setze die Sonnenbrille auf und organisiere einen Spritz, um maximal cool auszusehen. Mit mäßigem Erfolg.
Željko lacht sich kaputt, als er mich sieht.
»Das hast du jetzt davon, Astrid«, sagt er. »Ein XL-Trikot wäre vielleicht doch ganz schön gewesen.«
Nach und nach treffen hübsche Leute ein, weiße Kleidung kann auch gut aussehen. Sie unterhalten sich erst einmal untereinander.
Als ich für sie grillen soll, reden sie auch mit mir.
»Du trägst als Einziger Sachen, die durch das Grillen keinen Schaden nehmen können.« Witzig.
Witzig finden sie auch meine Aldi-Wammerl.
»Ah, Klasse 1, Stallhaltung, das sind die ärmsten Schweine«, sagt die Gastgeberin lachend.
»Tja«, entgegne ich, »heute habe ich das Hauptaugenmerk auf meine Kleidung gelegt.«
»Mein Rindersteak ist von diesem kleinen Bio-Metzger am Ammersee«, erwähnt einer der Götter in Weiß ungefragt.
Ein Satz, von dem ich dachte, er könne nur in einer meiner Geschichten so fallen.
»Den kenne ich auch«, sagt Claudia. »Das Fleisch ist etwas teurer da, aber jeden Cent wert.«
Außerdem hat sie einen Wassermelonensalat dabei.
»Das Rezept hab ich von Olli, richtig lecker!«
Sie will ihn mir anbieten, aber ich lehne ab. Obst schmeckt mir

einfach nicht. Ihr Blick lässt mich befürchten, den restlichen Abend sozial isoliert verbringen zu müssen. Als Wiedergutmachung würde ich ihr ein Wammerl abgeben. Sie schaut angewidert.

Ich finde wieder Anschluss, als ich mein restliches Fleisch an die Jungs verteile, die sich in weißen Kleidern auch nicht wohl fühlen.

Jetzt werden die ersten Biere geöffnet und die ersten Witze über unser Aussehen gerissen.

»Quatsch«, sagt Astrid. »Das hat überhaupt nichts damit zu tun, elitär sein zu wollen. Uns Mädels gefällt es einfach, wenn ihr euch einmal im Jahr nicht schon zu Beginn des Festes wie Bauern aufführt und schön angezogen seid. Volker hat leider unseren Plan durchkreuzt. Hässlicher kann man eigentlich nicht aussehen.«

Gerade als ich mich wehren will, kommt Heinzi um die Ecke. Er ist komplett schwarz gekleidet und schreit: »Wackeeeeeen!« Weltklasse, der Typ, und nicht das erste Mal könnte ich ihn für seine Kleiderwahl küssen.

Zum WM-Viertelfinale 2010 gegen Argentinien saß Heinz vor mir und trug ein Argentinien-Trikot. Ich wunderte mich kurz, dann sah ich, dass es mit *Heintze* beflockt war. Neben ihm saß seine Frau Maria mit einem *Di Maria*-Trikot.

Für eine witzige Idee mal eben 200 Euro ausgeben, das ist ganz großes Kino. In HD!

Eine halbe Stunde später sitzen alle Outlaws zusammen. Wir trinken Bier, lediglich André wählt einen Spritz und wird dafür beschimpft. Heinz erzählt, dass er im nächsten Jahr ein Schwarzes Fest ausrichten will. Es soll ausschließlich Black Metal gespielt werden, und als Getränke gibt es nur Cola-Asbach, Jacky

Cola, Cuba Libre und Goaßmassn. Vielleicht noch ein schönes Tintenfischrisotto, und Sonnenbrillen sind sowieso Pflicht. Er will keine Frau einladen, damit niemand lacht und nur alle schweigend und schlecht gelaunt herumsitzen.
Alle finden die Idee großartig, nur André mag keine Cola-Mixgetränke. Wir beschimpfen ihn erneut. Ich mag ihn trotzdem und habe für ihn sogar immer Prosecco und Aperol zu Hause. Ab und zu kommt er vorbei, und manchmal schenke ich mir dann auch so ein Gesöff ein. Was ich natürlich nie zugeben würde. Erst recht nicht, dass es mir schmeckt.
Gerhard verabschiedet sich währenddessen im 10-Minuten-Takt. Er umarmt alle, bevor er sich doch wieder ein Bier aufmacht und bleibt. Wir nennen ihn »Brexit«. An unserer schlechten Laune müssen wir definitiv arbeiten bis zum nächsten Jahr, im Moment haben wir richtig Spaß.
Noch mehr, als Detti vorschlägt, Rundlauf zu spielen. Sofort springe ich auf.
Ich liebe Tischtennis. Wir treffen den Ball nicht so oft, bestimmt auch, weil wir weiße Kleidung tragen. Nicht umsonst ist das beim Tischtennis verboten. Beim Schwarzen Fest wird es besser werden.
Wer einen Ball verschlägt, muss einen Löffel von dem Wassermelonensalat essen. Schmeckt eigentlich ganz gut. Was ich aber auch nicht zugeben werde.
Ebenso wenig, dass ich unbedingt ein Rindersteak will von diesem Metzger am Ammersee. Und dass es rundum ein schöner Abend war.
Weißes Fest ... geht gar nicht.

REH, HASE ODER VOGEL

Die Studenten sind heute so zielstrebig. Vier Jahre und zack, Abschluss!

Mein Studium in Bamberg dagegen kam irgendwie zu früh für mich. So in etwa zwei Jahrzehnte zu früh.

Wichtig waren damals für mich meine Freunde in Würzburg und mein Fußballverein, der legendäre VfR Burggrumbach. Weil mir das Studium an sich weniger wichtig war, kam ich also immer erst am Montagabend in Bamberg an und fuhr zum Training am Donnerstag wieder nach Burggrumbach.

Eigentlich war es übertrieben, für meine kurzen Aufenthalte eine Unterkunft anzumieten, aber im Winter wäre es nach Festen im *Bootshaus* im Auto zu kalt geworden.

Also zog ich zu Stevie und Rolo in die WG. Unterbewusst fehlte mir in Bamberg wohl mein Vater, warum sonst hätte ich zu zwei älteren Herren mit wenig Haaren ziehen sollen? Na gut, in Wirklichkeit waren sie noch nicht einmal fünfundzwanzig, aber gefühlt schon sehr erwachsen. Dafür waren sie Schwaben und verstanden deshalb mein schlimmes Fränkisch wenigstens ansatzweise.

Mich nahmen sie wahrscheinlich auf, damit sie sich über mich lustig machen konnten. Sie freuten sich jedenfalls sehr, wenn ich die Namen meiner Profs nicht wusste oder nachfragte, für welche Prüfungen ich mich anzumelden hatte.

Aber woher hätte ich das alles wissen sollen, ich war ja fast nie in der Uni.

Noch im dritten Semester hatte ich ab und an Schwierigkeiten, die Uni überhaupt zu finden.

Die Partys am Abend fand ich komischerweise immer. Oft setzte ich mich einfach gegen 18 Uhr in Stevies Auto und wartete auf die Abfahrt. Stevie ging täglich aus.

Zu diesem Fest auf irgendeiner Burg irgendwo auf dem Land nahm uns allerdings Iris mit, Stevie fuhr betrunken ungern weiter als zehn Kilometer.

Der Abend ist schnell erzählt. Die nichtsnutzigen Studenten tranken Bier und sprachen über die Uni. Also sprachen sie über viele Menschen, die ich nicht oder nur vom Hörensagen kannte. Außer den Kampfzecken, meinen Uni-Fußballkumpels, waren mir alle fremd.

Deshalb hatte ich mir für diese Gelegenheiten eine andere Beschäftigung überlegt. Ich sprach Mädchen an, obwohl ich eher der schüchterne Typ war.

Entweder laberte ich sie auf Englisch mit amerikanischem Slang zu und gab mich als Cattle aus Alabama aus, oder ich stellte mich als Volker vor, der Tierpsychologie in Leipzig studierte.

Beide Varianten kamen gut an, ich nutzte diese Tatsache jedoch nie aus. Es wäre mir zum einen zu oberflächlich gewesen, andererseits nahmen Stevie und Rolo ihre Vaterrolle durchaus ernst und warfen mir stets vorwurfsvolle Blicke zu.

Demnach brach ich auch an diesem Abend mit ihnen zusammen auf, obwohl ich gerade einer Lehramtsstudentin erklärte, wie man die pawlovschen Experimente auch am eigenen Hund ausprobieren konnte.

Iris fuhr, außer Roland und Stevie war auch Marion mit dabei. Iris alleine hätten wir wahrscheinlich zum Weiterfahren überreden können, nachdem sie das angefahrene Reh am Straßenrand entdeckt hatte.

Stevie, Roland und ich wollten nur noch nach Hause, aber Iris und Marion bestanden mit Tränen in den Augen darauf, dem armen Tier zu helfen.

»Oh, Mann«, sagte ich, »es ist ein Reh. Ich bin am Waldrand aufgewachsen. In solchen Fällen gibt es bei uns am nächsten Tag in der ganzen Siedlung Rehbraten. Außerdem studiere ich Tierpsychologie in Leipzig. Bambi will alleine sterben.«

»Arschloch!«, sagten Iris und Marion zeitgleich.

»Ja, Arschloch!«, bestätigten Stevie und Rolo grinsend. Wahrscheinlich hofften sie, durch ihre verständnisvolle Art noch an Sex zu kommen.

Mir wäre das zu oberflächlich gewesen. Außerdem war mir als Psychologen klar, dass in dieser Nacht nichts mehr gehen würde.

Beim selbstverständlich einzigen One-Night-Stand meines Lebens fand ich mit der Frau zusammen ihr Kaninchen tot im Käfig vor. An Sex war nicht mehr zu denken, ich musste noch in der Nacht ein Grab ausheben und die trauernde Hasenwitwe in den Schlaf streicheln.

Ich klinkte mich somit sofort aus der Diskussion aus, ob man den Förster oder den diensthabenden Tiernotarzt anrufen müsse. Dennoch war ich nach einer Stunde Powernapping im Auto beeindruckt, dass tatsächlich ein Tierarzt vorfuhr. Die vier hatten es wirklich geschafft, ohne Handy und Google einen Tierarzt zu finden, zu informieren und auch noch zu überzeugen, mitten in der Nacht hierherzukommen.

Bambi hatte sich unterdessen ins Unterholz verzogen.

Dr. Vogel, mutmaßlich Tscheche, schien allerdings mäßig motiviert. Er stieg aus, grüßte nicht, leuchtete mit der Taschenlampe zwei Sekunden ins Dickicht und sprach: »Das seien kein Reh! Das seien Hase!«

Um sich daraufhin ohne Verabschiedung wieder ins Auto zu setzen und wegzufahren. Der ganze Spuk hatte weniger als eine Minute gedauert. Den anderen vier liefen Tränen herunter. Stevie und Roland vor Lachen, den Mädels, weil sie so geschockt waren.

Alle stiegen ins Auto. Auch ich beeilte mich. Aus Angst, noch ein Grab ausheben und jemand trösten zu müssen.

Doktor Vogel! Ein neuer Held war geboren!

Zwei Wochen später, wir sprachen noch täglich von dieser Nacht, besuchten mich Stevie und Roland in Würzburg.

Mein VfR Burggrumbach war Tabellenführer, ich wollte ihnen unser feuerwerkartiges C-Klassen-Gekicke nicht vorenthalten. Leider verloren wir ausgerechnet an diesem Tag unser erstes Spiel der Saison, und ich wurde nach etwa 18 Sekunden gefoult und mit Bänderriss ausgewechselt.

Statt nach dem Sieg zusammen im Vereinsheim zu feiern, machten wir einen Ausflug in die Uniklinik. Die Stimmung auf der Fahrt war ausgelassen, weil wir den Einsatz des 70-jährigen Sanitäters am Sportplatz noch einmal Revue passieren ließen. Statt mich zu behandeln, hatte er mir aus drei Metern Entfernung einen handballgroßen Eisbrocken direkt auf den verletzten Knöchel geworfen. Unsere Laune wurde noch besser, als man uns an der Pforte der Uniklinik nicht aufs Gelände fahren ließ.

»Doch, doch, er ist verletzt!«, beteuerte Stevie.

»Warum lacht ihr dann so?«, schrie der Pförtner. »Weil es nicht stimmt, oder?!!!«

Wir bekamen keine Luft mehr und lachten so laut, dass er uns irgendwann entnervt passieren ließ. Nebenbei erklärte er uns den Weg in die Nervenklinik.

Noch in der Notaufnahme waren wir euphorisiert. Auch deshalb, weil wir einen Rollstuhl gefunden hatten, in dem mich Rolo – vorsichtig geschätzt – auf 40 Stundenkilometer beschleunigte. Ich war sehr froh, als ich im Behandlungszimmer einen Moment verschnaufen durfte.

Dann warf ich einen Blick auf meine Krankenakte vom letzten Aufenthalt in der Uniklinik. Ich lachte, ich weinte, ich schrie lauthals, bis mehrere Krankenschwestern ins Zimmer stürmten und panisch fragten, was los sei.

Nach ungefähr zehn Minuten war ich in der Lage zu artikulieren, dass sie doch bitte Stevie und Roland heranschaffen sollten. Auch die beiden waren nicht mehr zu beruhigen und warfen sich auf die herumstehenden Liegen, nachdem ich auf die Akte gezeigt hatte.

»Letzter behandelnder Arzt …«, stand da, »… Dr. Vogel.«

HANSWURST

Mir als Buchhändler ist schon klar, dass es immer Biografien gab. Als Azubi musste ich sehr oft die Rowohlt-Monografien alphabetisieren. Von Sartre und Julius Cäsar und Marilyn Monroe und anderen bedeutenden Menschen. Auch Autobiografien gab es natürlich. Oft schrieben Politiker oder Wissenschaftler nach einem erfüllten Leben selbiges auf. Das war immer okay für mich, denn die nachkommenden Generationen können so an ihren Gedanken, Ideen, Taten und Erfindungen teilhaben.

Das erste Mal geschockt war ich, als Dieter Bohlen in der Mitte seines Lebens eine Autobiografie herausbrachte. Boris Becker und Stefan Effenberg zogen nach, und ich belächelte jeden, der die Teile kaufte.

Im Nachhinein muss ich mich fast entschuldigen. Für seine Fans kann man ruhig darüber schreiben, wie es war, als Modern Talking in Russland vergöttert zu werden, mit 17 Wimbledon zu gewinnen oder Thomas Strunz die Frau auszuspannen. Wenn ich so darüber nachdenke, kaufe ich mir vielleicht alle drei Bücher. Das von Effe müsste ich sogar noch signiert zu Hause haben, weil er zu einer Autogrammstunde bei uns im Hugendubel war.

Alle drei Autobiografien haben ihre Berechtigung, wenn man überlegt, dass heutzutage jeder Hanswurst eine Autobiografie herausbringt. Jeder YouTuber, jede Influencerin und jeder Gangsta-Rapper glaubt, davon erzählen zu müssen, wie er in der dritten Klasse zum Klassensprecher gewählt oder wie sie vom Dickerchen zur Muskelmaschine wurde.

Ich habe mich doch auch nicht mit 20 aufgemantelt und mein Leben niedergeschrieben. Was hätte auch der Inhalt sein sollen? Wie ich Fahrrad fahren gelernt habe?

Obwohl, das hatte ich wirklich superschnell drauf. Stützrädchen hatte ich zuvor abgelehnt, das war mir zu würdelos. Eines Tages brachte mein Vater ein echt schönes, schwarzes Geländerad mit und setzte mich drauf. Er lief 20 Meter mit, ließ los, und ich konnte Fahrrad fahren. Eine großartige Leistung, so aus der Ferne betrachtet. Aber es reicht doch, wenn ich das weiß. Es gibt mir noch immer ein gutes Gefühl. Das Gefühl, im Leben alles schaffen zu können.

Ui, Schuhe binden konnte ich übrigens auch sehr schnell. Einmal wurde es mir gezeigt, und schon hatte ich es drauf. Ich weiß noch, dass es an Weihnachten bei Tante Rosemarie und Onkel Manfred war. Für jede erfolgreiche Schleife durfte ich mir eine Praline aussuchen und essen. In manchen war blöderweise Alkohol, und ich kotzte danach ausgiebig.

All das könnte ich in ein Buch packen, aber wer will denn das wissen?

Auch auf Autofahrten bekam ich immer eine Tüte in die Hand, weil ich es nicht sonderlich vertrug, wenn alle anderen Mitfahrer im Auto rauchten.

Jetzt soll ein Gesetz verabschiedet werden, welches Erwachsene, die im Auto im Beisein von Kindern rauchen, bis zu 1000 Euro kosten soll. Wenn man das Geld auch noch nachträglich einklagen kann, werde ich in Frührente gehen, so viel steht fest. Ich füllte die Tüte jedenfalls bei jeder Fahrt und entwickelte eine große Abneigung gegen Zigaretten. Deshalb dauerte es auch bis zu meinem zwölften Lebensjahr, bis ich das erste Mal selbst rauchte. Das war sehr spät bei uns auf dem Land, Klafke hatte in der ersten Klasse angefangen, soweit ich mich erinnere. Auch die anderen Kinder hänselten mich deswegen, also zog ich mir eines Nachmittags eine Schachtel John Player für drei Mark aus dem Automaten, und wir pafften zu dritt alle weg. Ich sehe heute noch, wie wir im »Rohr«, unserem geheimen Treffpunkt, saßen und husteten. Wieder kotzte ich mir die Seele aus dem Leib und blieb die folgenden sechs Jahre Nichtraucher.

Wartet, ich rauche kurz eine, dann schreibe ich weiter. Ist ja doch ganz interessant. Mal gespannt, was mir sonst noch einfällt.

Ah ja, genau, in der Grundschule wollte ich einer Mitschülerin im Pausenhof eine Klette von der Übergangsjacke entfernen. Die Klette war dann eine Biene und stach mir in den Finger. Okay, nicht die krasseste Geschichte, die würde ich in meiner Autobiografie eventuell weglassen. Tat aber voll weh.

Das nächste Kapitel würde *Mein erster richtiger Schwips* heißen. Den hatte ich, abgesehen vom Schleifen-Pralinen-Fauxpas, mit 13. Wir hatten mit der C-Jugend des ASV Rimpar die Kreisliga-Meisterschaft errungen und feierten bei Florian. Es wurde gegrillt, und es gab Bier. Heute würden für ein vergleichbares Fest sämtliche Betreuer mehrjährige Haftstrafen verbüßen, wenn sie nicht gleich vor Ort von den Helikopter-Eltern hingerichtet würden.

Ich will die Betreuer wahrlich nicht in Schutz nehmen oder Alkoholgenuss gutheißen, aber vielleicht würde ich heute nicht so verantwortungsvoll mit Bier umgehen, hätte es diesen Abend nicht gegeben. Ich wusste schon damals, als ich mich an der

Stereoanlage festkrallte, weil sich das Zimmer so schnell drehte, dass ich es übertrieben hatte.

Ich würde also einerseits aufpassen müssen, dass Kotzen nicht zum Hauptthema meiner Biografie würde, andererseits war jeder einzelne Strahl ein Meilenstein in meiner Entwicklung. Den ersten Teil im Buch könnte ich *Ich habe mich als Kind sehr oft übergeben* nennen.

Als Nächstes machte ich die wertvolle Erfahrung, dass man nicht bei jeder Wette gleich einschlagen sollte. Mein Schwager bot mir zehn Pfennig, wenn ich die Plastikhülle eines dieser Kaubonbons, die man früher in Apotheken beschenkt bekam, runterschlucken würde. Ich fackelte nicht lange und sackte die Mörderkohle ein. Wieder spielte mein Magen nicht mit, und das Stück Plastik landete nachts in der Toilette. Ich schwieg am nächsten Morgen beim Frühstück. Aus Angst, ich müsste das Geld zurückzahlen und bekäme von meinem Vater zusätzlich eine geschmiert, weil ich so dämlich gewesen war.

Was schreiben diese Let's Player, diese Computerspielkommentatoren, denn in ihre Memoiren? Die erleben doch nichts, weil sie sich maximal vom Rechner bis zum Kühlschrank und wieder zurück bewegen.

Mein Leben war dagegen höchst turbulent. Da gab es noch den Vorfall nach einer Woche im Gymnasium, bei dem ich zuammen mit zwei Mitschülern meinen ersten Verweis bekam. Das heißt, wir sollten ihn bekommen, aber der Lehrer überlegte es sich anders.

»Ich gebe euch heute keinen Verweis«, sagte er. »Ich mache euch einfach so fertig.« Schon weinten wir.

Ein Mitschüler, René – was wohl aus ihm geworden ist? – hatte eine Stinkbombe mit in die Schule gebracht, war aber zu

feige, sie zu werfen. Deshalb verkaufte er sie mir für zwanzig Pfennig weiter. Ich schlug nur ein, weil mir das extrem günstig erschien. Nach kurzem Überlegen wurde auch mir die Sache zu heiß, und ich dealte die Stinkbombe weiter. Keine Ahnung mehr, ob ich wenigstens Profit daraus geschlagen habe. Ich glaube, dass Andreas, der Guggi, wie wir ihn liebevoll nannten, sie kaufte. Jedenfalls hatte er sie kaum eine Minute in seinem Besitz, als er sich unabsichtlich draufsetzte. Die Idee, sie in die hintere Hosentasche zu stecken, erwies sich als mittelgut. Wer die Dinger noch kennt, weiß, dass sie ihrem Namen alle Ehre machten. Wahnsinn, wie es in der Aula stank. Erst lachten wir uns kaputt, dann stand der Physiklehrer Legge vor uns und nahm uns mit in ein leeres Klassenzimmer. Um Himmels willen! Legge! Wir kannten ihn nur vom Hörensagen, aber er sollte der strengste Lehrer der Schule sein.
Und wie er uns auseinandernahm! Ich wollte mich aus der Sache herauswinden, indem ich ihm klarmachte, nur der Zwischenhändler gewesen zu sein.
Er holte einen 100-Mark-Schein aus seinem Portemonnaie und las schreiend vor: »Wer Banknoten nachmacht oder verfälscht, oder nachgemachte oder verfälschte sich verschafft und in Verkehr bringt, wird mit Freiheitsstrafe nicht unter zwei Jahren bestraft!«
Googelt es meinetwegen nach, ihr Besserwisser. Genau dieser Text stand früher auf den Fünfzigern und Hundertern.
Und mein Gott, ich war gerade neun Jahre alt, natürlich sah ich mich schon bei Wasser und Brot im Knast sitzen, weil ich mir die Stinkbombe verschafft und wieder in Verkehr gebracht hatte.
Wer jetzt denkt: Moment mal, da kann doch was nicht stim-

men … mit 9 in der 5. Klasse? Ja, ihr Erbsenzähler, vielleicht wurde ich schon mit fünf eingeschult? Zählt ruhig noch einmal nach mit euren schmierigen Fingerchen. Und? Stimmt, gell? Ich war eben extrem weit für mein Alter. Schleife binden und Fahrrad fahren, alles kein Thema.

Das mit der frühen Einschulung muss einfach in eine Autobiografie. In meine zumindest, weil ich ansonsten recht wenig erreicht habe. Gut, ich schweife ab.

Liebend gerne hätten wir diese Viertelstunde alleine mit Legge gegen einen Verweis eingetauscht. Ich hatte ihn bis zum Abitur kein einziges Mal als Lehrer, aber immer schon während der Sommerferien plagte mich die Angst, ihn zu bekommen.

Erst auf der Abiturfeier wich dieses Trauma aus meinem Leben. Acherd, der Zweitfreund meiner Freundin Anja, war zum Abiball mitgekommen, und wir beide gingen zum Bierstand. Legge stand am Zapfhahn und schenkte Bier aus.

Noch immer hatte ich ein ungutes Gefühl, wenn ich ihm begegnete.

Acherd, 1,90 Meter groß und ausgestattet mit dem Kreuz eines Seefahrers, beugte sich über die Theke, gab Legge den Bierkrug und befahl: »Hey, lass a mal die Luft raus.«

Ich rechnete damit, dass Legge auch ihn mit in ein leeres Klassenzimmer nehmen und anschreien würde, aber er grinste nur, zapfte und sprach: »Hier, geht auf mich.«

Anscheinend war er ein cooler Typ, ich hatte es nur neun Jahre lang nicht bemerkt. Nicht ganz so cool wie Acherd, der Legge geduzt hatte, aber immerhin.

Junge, Junge, eigentlich habe ich ganz schön was erlebt. Da ist ja einiges passiert. Das schreit nach Memoiren, Freunde! Dabei habe ich von meiner Fußballerkarriere noch gar nichts erzählt!

Ups, ich hätte nicht an Fußball denken sollen. Jetzt ist mir wieder eingefallen, dass es von all den modernen Helden nur einen einzigen gibt, bei dem es nicht lächerlich wirkte, eine Autobiografie herauszubringen. Was rede ich, natürlich war es keine Autobiografie, sondern eine Biografie.
Ein Zlatan Ibrahimović lässt natürlich schreiben.
Ich bin raus.

SAVE THE TURTLES!

Ich kann sie jetzt schon motzen hören, die ewigen Kritiker und Nörgler.

»Golf ist doch kein Trend.«

»Was hat denn der HSV mit Erfolgsfans gemein?«

»Hygge ist aber längst out.«

Das ist sicher teilweise richtig, aber ich sitze eben in diesem Fall am längeren Hebel, ich wähle die Themen aus. Ätsch!

Wenn ich über Skateboards schreiben will, rufe ich sie einfach zum Trend aus, fertig. Nein, das mach ich natürlich nicht, aber Longboards spielen gleich schon eine Rolle.

Weil ich zwar alt, aber nicht ewiggestrig bin, habe ich meine zwölfjährige Tochter gefragt, was gerade total in sei bei der Jugend.

»Na, VSCO (sprich: Wisko) eben«, antwortete sie.

»Hä?«

»VSCO-Girls! Kennste nicht?«

Nein, kenne ich nicht. Und, seid ihr jetzt zufrieden? Endlich mal ein richtiger, brandneuer Trend, den kein Mensch kennt. Mir egal, da müsst ihr jetzt durch:

Kurz gesagt haben VSCO-Girls einen Fjällräven-Rucksack, tragen Longshirts oder Oversize-Pullis und sehr kurze Shorts, dazu Haargummis aus den 90ern im Haar und an den Handgelenken.

Als Schuhe kommen nur Birkenstocks oder Crocs, im Notfall auch Vans infrage.

Sie lieben Muschelketten und haben immer eine Polaroid-Kamera dabei, weil das sehr lässig ist.
Weil sie sich am liebsten am Strand aufhalten, haben sie auch gerne Beach Waves, also Strandwellen, im Haar. Das ist eine Frisur, falls ihr gerade gar nichts mehr checkt.
Getrunken wird aus Hydro Flasks, auf die sie gerne Tiersticker kleben. Hydro Flasks sind voll trendige Wasserflaschen. Wenn sie daraus getrunken haben, sagen sie »Save the turtles!«. Die Schildkröten möchten sie gerne retten, indem sie statt Plastik- nur Metall- oder Glasstrohhalme verwenden. Sie sind überhaupt sehr umweltbewusst, auch wenn sie hauptsächlich bei Starbucks rumhängen oder abhängen oder abchillen oder wie auch immer sie es nennen.
Wenn sie Spaß haben, sagen sie »skskssks«. Ob sie das machen, wenn sie etwas nicht gutheißen oder ob es ihr Lachen ist, habe ich nicht ganz verstanden, war dann aber auch zu faul, es noch mal nachzulesen.
Sie fahren Longboard, und wenn sie schwitzen, sprühen sie sich Facial Spray ins Gesicht. Vorsichtig natürlich, damit ihre dezente Schminke mit dem No-Make-Up-Look und das obligatorische Lipgloss nicht verwischen. Das Lipgloss muss auch von einer bestimmten Marke sein, googelt selbst.
Außer »skskssks« sagen sie noch sehr, sehr oft »And I oop!«. Warum genau, habe ich vergessen.
VSCO-Girls sind quasi Ökos der Neuzeit. Sie sind eigentlich in Sachen Umweltschutz und Klimawandel auf der richtigen Seite, haben allerdings einen sauberen Sprung in der Schüssel. Sksksksks.
»Und wer von deinen Freundinnen ist jetzt VSCO-Girl?«, frage ich Luzie.

»Spinnst du?«, fragt sie zurück. »Natürlich keine. Ich habe auch noch nie eine gesehen. Zum Glück, ich würde wahnsinnig lachen. Sksksksks.«

»And I oop!«, sage ich. Was das wohl heißt?

Dann stoßen wir kurz an und rufen gleichzeitig »Save the turtles!«

Unter Umständen bekommt Luzie im Februar endlich ein VSCO-Girl zu Gesicht. Leena war sofort Feuer und Flamme, nachdem ich ihr alles erzählt hatte.

»Geil, vom Outfit her hab ich fast alles zu Hause. Ich habe Crocs, eine Muschelkette, eine Polaroid-Kamera und ein Longboard. Sogar Scrunchie-Haarbänder und einen Fjällräven-Rucksack. Die Klamotten sind auch kein Problem, und die Beach Waves zisch ich mir mit dem Lockenwickler rein. Ich geh an Fasching als VSCO-Girl. And I oop!«

Im Internet finden wir das männliche Pendant. Meine Verkleidung steht somit auch fest.

Ich werde ein E-Boy sein. Schwarze Kleidung, Haare ins Gesicht und ein paar schwarze Herzchen unter die Augen. Silberne Ketten, trauriger Blick. In die Kamera schauen und mir durchs Haar fahren. In dem Artikel steht: Der E-Boy steht für nichts und ist darin angenehm konsequent. Das ist genau meins.

Meine Güte, wie schön einfach war das doch früher.

Ich war Popper und bekam von den Punks aufs Maul.

Save the turtles!

SCHWAMM

»Volker«, sagt Alex vom Zentralen Hugendubel-Marketing, »traust du dir zu, in eurer Filiale am Stachus 'ne Signierstunde mit 'nem Rapper zu wuppen? Versteh mich nicht falsch, aber du müsstest dich auch um ihn und seine Entourage kümmern. Du bist halt keine zwanzig mehr.«
»Yolo Digga!«, antworte ich. »Chill mal dein abgefucktes Life. Traust du mir nicht zu, 'nen Stift zu kaufen? Außerdem schau ich im Gegensatz zu dir aus wie zwanzig und spreche die Sprache der Jungen. Die Hurensöhne werden sofort merken, wer hier der Babo is, Bruda.«
»Äh«, stammelt Alex, »ich werte das mal als Ja. Und abgefuckt sagt man seit den 90ern nicht mehr, glaub ich.«
Die folgenden Tage trudeln die Informationen vom Verlag ein. Der Rapper heißt Sun Diego oder auch SpongeBozz, und sie rechnen mit 600 bis 1000 Fans.
Jaja, denke ich, die Verlage sagen immer solche Sachen, dann steht eine Handvoll Honks da, nach einer halben Stunde ist der Spuk vorbei und der »Starrapper« glotzt blöd aus der Bomberjacke. Zumal niemand, den ich frage, jemals von Sun Diego gehört hat. Außer mein 13-jähriger Sohn.
Ich lasse mich auch am Vortag der Veranstaltung nicht aus der Ruhe bringen, als eine Palette mit 900 Büchern von Spongi angeliefert wird. Das erste Mal verspüre ich vier Stunden vor Beginn einen Hauch von Nervosität, weil jetzt schon 50 teils vermummte Jünger Sun Diegos in der Schlange stehen. Auch

der Verantwortliche vom Verlag wird unruhig und treibt mich an, alles nach seinen Vorgaben vorzubereiten. Falls irgendetwas nicht stimme, würden die Jungs sofort wieder gehen.

Der Laden füllt sich zusehends, und eine Stunde vor dem Termin treffen sie ein. Ich rücke gerade Bücher am Eingang zurecht, als ein riesiger Schatten über mich fällt. Hinter mir steht Spongebozz mit seinen Bodyguards, ungefähr zehn extrem voluminösen Türstehertypen, gegen die ich mit meinen 90 Kilo wie ein Kindergartenkind aussehe. Und mich auch so fühle.

Wir steuern sofort den Aufzug an, weil inzwischen bestimmt 250 minderjährige Gangsta im Laden sind und die ersten kurz vor der Ohnmacht stehen, als sie von der Ankunft ihres Idols informiert werden.

Im Aufzug stelle ich mich vor: »I bims, der Volker.«

Sofort merke ich, dass sich das nicht cool anhört. Volker ist mit Sicherheit der uncoolste Name der Welt, selbst Karl-Heinz oder Rüdiger wäre um einiges lässiger. Ich nehme mir vor, ab jetzt wieder normal zu reden.

Sun Diego gibt mir die Hand und sagt: »Schwamm.«

Schwamm, das ist ein Name! Ich muss kurz schmunzeln, dann fällt mein Blick auf das zulässige Gesamtgewicht für den Lift. 1000 Kilo. Da ich nicht nur jugendsprachlich, sondern auch in Sachen Kopfrechnen ein Genie bin, merke ich, dass es eng wird.

Volker 90 Kilo, Schwamm 60 Kilo, dazu 6 von den Brocken, weil mehr nicht reingepasst haben. Ich tippe wohlerzogen nur auf 150 Kilo pro Typ und habe Angst.

Ich biete an, auszusteigen, damit noch ein weiterer Gast einsteigen kann, aber der Cheftürsteher legt mir seine Pranke auf

die Schulter und sagt trocken: »Nix! Wenn wir abstürzen, bist du auch dabei!« Er lacht dabei nicht.
Der Aufzug braucht die doppelte Zeit wie sonst, schafft es aber mit Hängen und Würgen in den 2. Stock.
Im Vorfeld hieß es vom Verlag, ein paar Snacks und etwas Cola wären voll okay, meine gekauften Butterbrezen scheinen sie aber nicht sonderlich anzumachen.
»Ey, gibt's Pizza?!«
»Ja klar, holen wir«, sage ich kleinlaut. »Und klar könnt ihr gerne hier im Büro rauchen, später im Laden leider nicht.«
»Dir ist schon klar, was wir rauchen, Digga?«
Ich habe von »is okay« lediglich »is« gesagt, als der Dübel schon brennt.
Und Sunny hat kaum einmal daran gezogen, als ich ihm das Teil aus der Hand reiße … und daran ziehe. Alle freuen sich, ich bin jetzt ihr Homie. Obwohl ich huste. Läuft für mich.
Nach einer Viertelstunde fragen sie nach: »Ey, was ist mit Pizza? Und wie heißt du noch mal?«
»Volker.«
»Wie?«
»Egal. Die Pizza kommt gleich. Ich geh eben ein Messer holen.«
Sofort ist Betrieb im Büro. Gleichzeitig fassen fünf der unfassbaren Typen in ihre Jackentasche, ziehen ein Messer und lassen es aufspringen.
»Willst du uns beleidigen? Messer haben wir immer dabei!«
Ich lache und ziehe ein zweites Mal am Joint. Übersprungshandlung.
Kurze Zeit später kommen die Pizzen und noch kürzere Zeit später sind sie gegessen.

Schwamm

Es geht los. Wir laufen durch einen abgesperrten Bereich des Ladens, von überallher wird nach Sunny gerufen. Ich bin als Erster am Signierpult, während Schwamm noch um die Ecke wartet. Ein Einpeitscher macht die Fans heiß.

Da man als Veranstalter immer ein paar Begrüßungsworte sagen sollte, überlege ich, ob ich »Liebe Fans von Spongebozz« oder »… von Sun Diego« sagen sollte.

Er nimmt mir die Entscheidung ab, indem er die Bühne betritt.

Ich bin ganz froh, nichts gesagt zu haben, denn Spongebozz / Sun Diegos Einführungsworte lauten: »Was geht ab, ihr Schwanzlutscher?«

Die Nachwuchsgangster rasten aus, und Sunny beginnt zu signieren, lässt Selfies machen und plaudert mit jedem. Er mag seine Fans, so viel steht fest. Ich rechne hoch, dass ich bis zum Morgengrauen im Hugendubel bleiben muss, wenn er alle 2000 Fans bedienen will. Zumal er immer nur dreißig Minuten unterschreibt, bevor die Truppe wieder zum Rauchen geht. Einer aus der Entourage ist nur zum Bauen der Tüten dabei, glaube ich.

Weinend erzählen mir 17-jährige, eigentlich knallharte Jungs nach der Begegnung mit dem Star, dass heute der schönste Tag in ihrem Leben sei.

»Swag!«, antworte ich ihnen, ohne zu wissen, was es heißt.

Oder: »Läuft bei dir!« Oder: »Gönn dir!«

Alex schaut mich schräg von der Seite an und lacht.

»Isso, du Gammelfleischlappen!«, werfe ich ihm hin. Bäm, das sitzt!

Beim Weitergehen belausche ich eine Gruppe: »Alter! Der Sunny ist ein Typ wie du und ich.«

Alle schauen ihn verständnislos an, sodass er einlenkt: »Nur tausendmal krasser!« Seine Kumpels nicken.

Der Laden gleicht jetzt einem Schlachtfeld. Die Leute scheinen McDonald's-Produkte mehr zu mögen als die Entsorgung von Müll.

Um 20 Uhr schließe ich die Filiale ab und würde auch gerne nach Hause gehen. Leider sind bestimmt noch 300 Fans auf zwei Stockwerke verteilt. Sponge gibt mir zu verstehen, dass alle drankämen und ganz klar er der Babo ist.

Scheiß drauf, dann rauch ich halt noch einen mit. Der Manager erzählt mir, dass am nächsten Tag eine Signierstunde in Stuttgart anberaumt ist.

»Wer von euch fährt?«, will ich wissen.

»Alle!«, sagt er. Ernsthaft.

Tatsächlich fahren in dieser Nacht noch 13 Typen in 13 Autos nach Stuttgart. Ökobilanzmäßig ist das eventuell nicht in Ordnung, aber so etwas beeindruckt mich.

Kleinkunstkollegen bemängeln an mir, dass ich mich zu leicht von erfolgreichen Künstlern begeistern lasse, aber das stimmt nicht.

Erstens lasse ich mich auch leicht von wenig erfolgreichen Künstlern begeistern, zweitens fahren da 13 Menschen in 13 Autos nach Stuttgart. Das ist ganz objektiv gesehen Weltklasse, da brauchen wir nicht diskutieren.

Um 23:30 Uhr ist endlich das letzte Autogramm geschrieben und die eintreffenden Hugendubel-Putzleute machen große Augen. Endlich mal eine Herausforderung.

Im Büro rauchen wir eine letzte Tüte. Wir haben 550 Biografien eines Rappers verkauft, den ich vorher nicht mal kannte. Krasse Nummer. Trotzdem fehlen etwa 60 weitere Bücher im

Bestand. Ich vermute, dass der eine oder andere das Buch einfach eingesteckt und nicht bezahlt hat.

Der Oberbodyguard ist entsetzt, weil ich ihre Base verdächtige. Er klärt mich auf: »Da lagen so Bücher rum, die haben wir verschenkt.«

»Äh«, hake ich nach, »ihr habt unsere Bücher verschenkt?«

»Nein, nicht eure, die von Sunny!«

Ich verzichte auf weitere Erklärungen und bugsiere stattdessen meine neuen Freunde zum Ausgang.

An der Tür gibt mir der Schwamm abermals die Hand.

»Mutig«, sagt er, »aber cool.«

Cool, denke ich mir, was für ein uncooles Wort. Geh whag!

FRÜHER WAR WELLNESS IRGENDWIE GEILER

Grundsätzlich habe ich nichts gegen Wellness. In einem schönen Hotel gut essen, faulenzen, lesen und meinetwegen auch eine Hot-Stone-Massage genießen.
Blöd für mich ist halt, dass ich mit Saunen und Dampfbädern recht wenig anfangen kann. Es langweilt mich brutal, in dieser Hitze rumzusitzen und zuzuschauen, wie mein Schweiß auf die Holzplanken tropft. Danach womöglich noch in ein eiskaltes Wasserbecken springen. Echt nicht, hör mir auf!
Mir gefallen dagegen beheizte Außenbecken, auch wenn sie klimatechnisch wohl eher nicht so der Hit sind. Ich mag Schwimmbecken nur, wenn sie warm sind und ich nicht darin schwimmen muss. Optimal ist es, wenn man im Becken Getränke bestellen und trinken kann.
Kurzum: zum Ausspannen und in der ersten Verliebtheitsphase ist Wellness ganz gut, aber vom Hocker haut mich das nicht.
Dabei bin ich Wellnesser der ersten Stunde. Das erste Mal war ich nämlich vor mehr als zwanzig Jahren dahin gehend unterwegs. Mit meiner damaligen Freundin und jetzigen Ex-Frau Anna sowie mit Susa und Goschl, einem befreundeten Paar. Wir gingen müde hin und kamen zerstört zurück.
Kein Witz, aber ich erzähle am besten von Anfang an.
Es sollte nach Thurmansbang im Bayerischen Wald gehen. Wir wollten etwas ausspannen und vor allem am Abend schafkop-

fen. Doch weil wir bei der Anfahrt im Stau standen, kamen wir schon gereizt an.

Nach einem guten Abendessen und etwas Bier ging es uns wieder besser, wir freuten uns regelrecht auf die Dorfkneipe und aufs Kartenspielen. Ich war zwar gut drauf, aber auch an diesem Abend erfüllte ich mir einen meiner Lebensträume nicht, den ich hege, seit ich die Geschichte von einem Typen aus meinem Nachbarkaff gehört habe. Er war während einer Skifreizeit in Österreich in eine Dorfkneipe gegangen und hatte, als ihn alle anstarrten, laut geschrien: »So, alle Einheimischen raus, sonst werde ich fuchsteufelswild!« Dann hatte er Schläge bekommen.

Auch uns starrten alle an, als wir einliefen, aber ich war natürlich wieder zu feige. Erst als wir die Schafkopfkarten auspackten, prosteten uns auch die Jungs vom Stammtisch zu. *Wenigstens koa Preisn,* lasen wir aus ihren Gesichtern.

Gut gelaunt spielten wir die ersten Runden. Lediglich ich stand etwas unter Druck, weil ich noch in der Ausbildung war und mir eigentlich weder ein Wellness-Wochenende noch zu verlieren leisten konnte.

Wer jemals mit Anna und Susa Schafkopf gespielt hat – und das wünsche ich den wenigsten – weiß, dass die Stimmung sehr bald umschlug.

Goschl und ich waren immer schuld. Nicht nur, wenn ein Spiel verloren wurde, sondern auch an allem anderen. Die beiden Mädels zeigten uns lautstark unsere Fehler auf, die natürlich zumeist keine waren. Wir wussten selbstverständlich, dass Widerrede zwecklos war, und bestellten nach jeder Schimpftirade einen Versöhnungsschnaps.

Leider war das kontraproduktiv. Zwar wurde uns nach der

fünften Runde anerkennend vom Stammtisch aus zugenickt, aber an unserem Tisch wurde es immer lauter und die Stimmung aggressiver. Goschl und ich wollten vor den Einheimischen auch nicht wie Stadtheinis ohne Eier dastehen und maulten zurück. Wir stritten mehr, als dass wir spielten.
Selbst der Wirt wirkte eingeschüchtert, stellte nur wortlos eine Schnapsrunde nach der anderen hin, dazu tranken wir Bier. Eigentlich unterhielt sich niemand mehr, alle schauten und hörten uns zu. Und lachten über uns.
Gegen halb drei hatten alle genug und zahlten. Susa verpasste Goschl wegen des letzten verlorenen 10-Pfennig-Spiels einen verbalen Einlauf, sodass dieser schimpfend mit allen anderen die Kneipe verließ und Richtung Hotel torkelte.
So standen Susa, Anna und ich verlassen vor der Kneipe. Und bekamen plötzlich Durst. Wer kennt das nicht?
Nicht weit von der Kneipe gab es einen Laden mit Wein und Spirituosen im Schaufenster. Ein kurzer Blick auf die Eingangstür ließ uns erahnen, dass das Geschäft nicht offen hatte und erst am Montag wieder öffnen würde.
So ein Mist!
»Was ist denn das für ein Kaff?«, lallte Susa. »Gastfreundschaft stelle ich mir anders vor.«
Anna konnte wohl nicht mehr reden oder wollte keine Zeit verlieren, jedenfalls rüttelte sie wie eine Gestörte am Ladengitter, klopfte gegen die Tür und war völlig außer Rand und Band.
»Aufmachen!«, schrie Susa dazu.
Ich lachte und dachte: »Jetzt gibt's gleich eine auf die Mütze, da hätte ich auch meinen Spruch beim Betreten der Dorfkaschemme bringen können.«
Wir erschraken richtig, als sich das Ladengitter elektrisch hob.

Kurz überlegten wir, wegzurennen, blieben dann aber doch mutig stehen. Es war unglaublich, aber hinter der Tür erschien ein grinsender Mann.
»Ich kenne euch aus der Kneipe, mit euch möchte ich mich nicht anlegen. Aber ihr habt dort eine starke Leistung abgeliefert. Was wünscht ihr?«
Jetzt waren sogar die beiden Hyänen sprachlos. Anna hatte vor Rührung Tränen in den Augen. Selbst in unserem Zustand wussten wir zu schätzen, dass dieser Mann nicht die Polizei gerufen und sogar seinen Laden geöffnet hatte, ohne uns zu verprügeln. Relativ wortkarg kauften wir zwei Flaschen Rotwein und zogen beschämt von dannen.
Obwohl wir selbst wussten, wie lächerlich und peinlich wir diesen Abend gestaltet hatten, setzten wir in Sachen Dummheit noch einen drauf. Letztlich ging das Ganze gut aus, hätte aber in einer Katastrophe enden können.
Im Hotel kam Susa nicht in ihr Zimmer, weil Goschl anscheinend abgeschlossen hatte und nicht öffnete.
»Kein Problem«, sagte Anna. »Wir wohnen nebenan, ich klettere schnell über den Balkon.«
Wir hielten sie nicht auf, im Gegenteil, wir fanden die Idee gut, obwohl sie außen am Balkon rübersteigen musste und es locker acht Meter in die Tiefe ging. Blöd war außerdem, dass Goschl gar nicht im Zimmer war und Anna wieder zurückklettern musste. Ein Irrsinn. Schon nüchtern wäre das unverantwortlich gewesen.
Wir fanden Goschl im Erdgeschoss des Hotels.
»Psssst«, sagte er und hielt den Zeigefinger vor den Mund. »Ich bin auf der Suche nach Alkohol.« Er war wieder gut drauf und freute sich diebisch.

Noch mehr freute er sich, als wir ihm unsere Einkaufstüte zeigten.
Und wirklich – wir tranken den Wein noch in der Nacht aus Zahnputzbechern im Hotelzimmer und waren ein Herz und eine Seele.
Ich bin nicht wirklich stolz auf diesen Abend, doch das Grinsen in meinem Gesicht geht selbst während des Schreibens nicht weg.
Süß waren wir ja schon.
Am nächsten Morgen reagierten Susa und Goschl nicht, als wir an ihre Tür klopften. Doch anstatt über den Balkon zu klettern, gingen wir zuerst zum Frühstück und dann zum Joggen. Passend zum Wochenende verliefen wir uns im Wald. Wir irrten umher, und ich hoffte lediglich, dass uns hier niemand umbringen würde.
Zu große Angst hatte ich, unser Fall würde bei *Aktenzeichen XY... ungelöst* gezeigt und der letzte Abend rekonstruiert werden.

ERLEDIGT

Irgendwie hat alles vor ein paar Jahren mit dieser Ice Bucket Challenge angefangen. Man sollte sich hierfür einen Kübel Eis über den Kopf kippen oder kippen lassen und damit auf die Krankheit ALS aufmerksam machen.

Eigentlich eine gute Sache, weil das Ganze an eine Spendenaktion gekoppelt war und viel Geld für die ALS-Forschung und Betroffene gesammelt wurde.

Irgendwie genervt hat es mich aber schon, weil ich pausenlos auf Facebook unter Druck gesetzt wurde, endlich mitzumachen.

Noch schlimmer fand ich die Bier-auf-ex-trink-Challenge. Keine Ahnung, wie oft ich da nominiert wurde. Wenn jemand sehen will, wie ich ein Bier trinke, kann er mir sehr gerne in einer Kneipe auflauern und mir eines ausgeben. Meinetwegen kann er oder noch lieber sie dann auch filmen, wie ich es ganz langsam und genüsslich austrinke. Bier auf ex, das haben wir mit 17 oder 18 gemacht, und selbst damals fand ich das schon peinlich.

Aus diesen Bier- und Eis- und diversen anderen Bucket-Challenges entwickelte sich das größte Übel, quasi der Buckel aller Buckets, die Bucket-List für Paare.

Durch diese Liste bekommt man als Paar Aufgaben gestellt mit dem Ziel, dass man wieder mehr mit dem Partner unternimmt.

Ganz ehrlich: Wenn man eine Liste braucht, um Spaß zu haben, ist die Beziehung ziemlich sicher nicht mehr zu retten.

Sobald auch nur ein Partner nicht mehr jeden Tag glücklich ist, den anderen zu haben, kann man sich auch gleich trennen. Und sich somit die Würdelosigkeit einer Paartherapie oder einer Bucket-List für Paare ersparen.
Weil ich mich aber durch das bisherige Schreiben dieses Buches weiterentwickelt habe und noch fairer zu meinen Mitmenschen und Trends sein will, besorge ich uns eine dieser Listen und bitte Leena, mit mir Aufgaben zu erfüllen und Kreuzchen zu machen, wenn wir etwas geschafft haben.
»Moment mal«, sagt Leena. »Warum müssen wir so einen Quatsch machen? Bist du nicht mehr glücklich?«
»Doch«, antworte ich. »Aber bevor wir in die Paartherapie gehen, könnten wir einige lustige Dinge tun.«
Leena blättert in der Liste, zieht die Augenbrauen nach oben und zeigt auf eine Aufgabe: »*Zusammen in einem Schlafsack die Treppe hinuntergleiten!* Das wird sicher total gut … du wohnst im Erdgeschoss und ich in einem Mehrfamilienhaus. Wenn wir vom zweiten Stock runterrutschen, liefern sie uns sofort ein. Oder meinst du das hier? *Gemütlich Kuscheln am Kaminfeuer?* Ein Traum. Wo du doch so leicht schwitzt …«
Nach ein paar Minuten aber wird Leena fündig: »Ah, hier. *Wir probieren das Hobby des anderen aus.* Mach dich fertig, ich habe schon eine Idee.«
Eine halbe Stunde später sitzen wir in unserer Lieblingskneipe und trinken Bier. Tatsächlich macht diese Challenge gute Laune. Ich bin sehr stolz auf Leena, dass sie so kreativ war. Wenn sie so weitermacht, können wir uns das mit der Paartherapie sparen.
Gut, Leena muss ein paar Bier mehr trinken als sonst und ich ein paar weniger, ansonsten läuft es prima. Auch wenn ich in-

ständig hoffe, nicht genauso albernes Zeug zu reden, wenn ich zu viel getrunken habe.

Weil wir gerade so gut gelaunt sind, hängen wir zu Hause gleich noch eine zweite Aufgabe dran. *Wir tauschen für eine Nacht unsere Bettseiten.* Crazy!

Kaum habe ich das Licht ausgemacht, fasst mir eine Hand an den Hintern. Erst stelle ich mich schlafend, aber es hört nicht auf. Woah, ich hatte echt 'nen harten Tag, und in der Kneipe waren wir auch noch. Morgen muss ich früh raus, kann sie mich nicht einmal in Ruhe lassen?

Ich schiebe ihre Hand weg, aber sie lässt nicht locker. »Ach komm schon, es geht auch ganz schnell.«

Dann lacht sie auch noch über ihren schlechten Witz. Okay, ich muss auch lachen und lasse mich überreden. Allerdings nur, wenn ich am nächsten Tag wieder auf meine Seite darf.

Irgendwie fühle ich mich ausgenutzt, vor allem, weil sie gleich danach einschläft. Wo bleibt denn da das Miteinander? Vielleicht hätte ich noch was von meinem Tag erzählen wollen? Egal, passt schon. Um alle Klischees zu erfüllen, fängt sie auch noch zu schnarchen an.

Ich dagegen suche uns schon eine Challenge für den nächsten Tag aus. Ich fände es ganz schön, jetzt *im Herbst gemeinsam die Blätter zusammenzukehren.*

Nach dem Aufwachen will ich es gleich vorschlagen, beiße mir aber auf die Zunge, als ich feststelle, dass ich wieder auf meiner Bettseite liege.

Leena ist schon wach und hat die Bucket-List in der Hand.

»Die schlagen tatsächlich vor, zusammen Laub aufzukehren. Unglaublich, vor allem, wenn man sich vorstellt, dass das irgendwelche Spacken wirklich machen.« Quelle femme!

Obwohl, ein bisschen süß fände ich es schon, das mit dem Laub. So mit Gummistiefeln und Pudelmützen. Und wie wir uns küssen würden nach der wilden Laubschlacht.
Endlich hat Leena eine Aufgabe gefunden.
»Lass uns etwas Verbotenes tun«, liest sie vor.
Wieder hat sie eine Idee: »Sex vor der Ehe. Jetzt!«
Ich habe etwas Angst, dass das Vertauschen der Bettseiten unser Verlangen für immer verändert hat. Weil Leena so viel Spaß hat, lass ich sie machen, denke dabei aber an einen ganz großen Laubhaufen und an das Teetrinken hinterher mit kalten, roten Nasen. Oder an eine *kecke Kitzelschlacht,* von der ich gestern auch gelesen habe.
Das kann ja heiter werden. Und anstrengend, weil jede zweite Challenge mit Sex zu tun hat:

- *Der Küchentisch ist nicht nur zum Essen da*
- *Einander eine Torte ins Gesicht werfen und sauberlecken*
- *Einen Traum eures Partners verwirklichen*
- *Kleidung tragen ist nicht schön*
- *Euch im Riesenrad küssen, wenn es ganz oben steht*
- *Aufgabe 69*
- *Extra früh ins Bett gehen*
- *Jemandem zusammen eine Freude machen*
- *Auf dem Schoß des anderen sitzen*
- *Sich gegenseitig vollkommen mit Pfannkuchen bedecken*
- *Die Kleidung des anderen tragen*

Nur um einige zu nennen, es geht die ganz Zeit in diese Richtung. Ganz wenig Laub, ganz viel Sex. Schlimm.
Kaum sind wir aufgestanden, will Leena *zusammen duschen.*

»*Es ist nicht schlimm, wenn jemand ein Stück Seife fallen lässt*«, liest sie vor.

Sekunden später höre ich, wie Leena mein neues Herbal-Essences-Shampoo in die Badewanne schmeißt. Ich habe wohl kein Stück Seife mehr.

Jetzt ist aber mal gut.

»Was soll das? Ich bin doch kein Zuchtbulle. Willst du mir zeigen, wie nervig ich sonst immer bin? Du könntest auch einfach mit mir reden.«

»Ich sag dir das täglich, aber das ist es nicht. Ich habe gemerkt, wie viel dir diese Bucket-List bedeutet. Die anderen Aufgaben sind so langweilig, da hab ich doch lieber Sex. Sogar mit dir.«

»Obacht!«, sage ich mit erhobenem Zeigefinger. »Lass uns nicht streiten.« *Streiten und wieder vertragen* ist auch eine Challenge. Ich weiß doch, worauf das hinausläuft. »Gib mir mal die Liste.«

Okay, irgendwie hat sie recht. *Im Partnerlook gehen* und ein *Karaoke-Duett singen* ist schon unterste Schublade. Genauso wie *ins Kino gehen und den/die Kassierer/in den Film aussuchen lassen* oder *stundenlang miteinander telefonieren*.

Mein Rekord im Langetelefonieren liegt bei circa sieben Minuten. Dieses Talent habe ich von meinem Vater geerbt, dem Grandmaster of Kurztelefonat. Unser längstes Ferngespräch hat um die 50 Sekunden gedauert. Da hatten wir uns viel zu erzählen und kamen richtig ins Plaudern. Normalerweise läuft es so, wenn ich ihn anrufe.

Er: »Aaah. Und? Wie?«

Ich: »Gut. Selber?«

Er: »Ja, muss.«

Ich: »Wir besuchen euch nächste Woche.«

Er: »Gut. Schlüssel hast du ja. Also …«

Ich: »Ja, okay, tschüss.«
Manchmal warte in noch auf sein »Tschüss«, obwohl ich weiß, dass er schon aufgelegt hat.
Ich suche weiter in der Liste, aber außer auf Laubkehren hab ich auf nichts wirklich Lust.
Doch, hier, *einander ausgiebig massieren*. Leena willigt sofort ein, wahrscheinlich rechnet sie sich was aus. Mein teuflischer Plan wird das verhindern.
Ich lasse mich ausgiebig massieren und weigere mich hinterher, auch sie zu massieren.
»Hey«, motzt sie. »Gleich der nächste Punkt heißt *sich füreinander aufopfern!*«
»Und der Punkt danach?«, frage ich siegessicher.
»Aber nicht zu viel Aufopferung vom anderen erwarten.«
Mir vergeht mein Grinsen, als sie mit der Shampoo-Flasche droht. Ich massiere ausgiebig.
Mann o Mann, es muss doch auch Bucket-Listen mit anständigen und echt guten Aufgaben geben. Ich schmeiße den Rechner an und lande auf der Seite der *Cosmopolitan*.
Ich überfliege deren Liste und bin schockiert. Holla, die Waldfee. Hier geht es auch nur um das eine. Dabei nehmen sie kein Blatt vor den Mund.
Erschließt vögeltechnisch die ganze Wohnung. Wo bleibt denn da die Romantik? Wir haben zwei Wohnungen und bei weitem nicht so viele Shampoos.
Und es geht so weiter:

– *Sprecht über eure Sexträume*
– *Sucht euch bei Feiern einen potenziellen Partner für einen Dreier aus*

- *Schaut gemeinsam Pornos*
- *Lasst beim Sex absichtlich das Fenster offen*
- *Helft euch gegenseitig*

Klar, kann man alles machen, aber auf Kommando ist es schon etwas unangenehm.

Es wird Sonntagabend, wir haben den ganzen Nachmittag gechillt. Wenn man glücklich ist, muss man nichts übers Knie brechen. Wir reden wenig, schauen Serien und sind zufrieden. *Zusammen nichts tun* wäre mein erster Punkt auf jeder Bucket-List. Wenn du das kannst, ist alles intakt. Oder *sich zusammen langweilen, ohne alles infrage zu stellen.*
Na ja, als es zu langweilig wird, hilft die *Cosmopolitan* doch noch. Wir kombinieren zwei Vorschläge.
Geht zusammen einen trinken und *gemeinsam über die Stränge schlagen.* Besser geht es nicht. Ich bin sehr glücklich, als wir in der *Schwabinger 7* Pils aus der Flasche trinken, tanzen und Leute kennenlernen.
»Wie findest du die an der Bar?«, frage ich Leena.
»Ganz gut«, antwortet sie. »Den muskulösen Typen mit dem Tattoo am Hals finde ich allerdings besser.«
Ich bin skeptisch.
»Er sieht nicht wirklich danach aus, als hätte er Lust, mit uns Laub aufzukehren.«
Wir schauen uns an und lachen los.
Auch sehr wichtig: *Zusammen lachen!*

SUPERMAN

Wenn du dir ein Tattoo stechen lässt, fühlst du dich unantastbar. Du bist überzeugt vom Motiv und deiner Lässigkeit.
Etwas verunsichernd ist es dann, wenn sich der Tätowierer weigert, deine Vorlage in die Tat umzusetzen.
»So eine Knasttätowierung steche ich nicht. Kommt wieder, wenn ihr was Normales gefunden habt«, sagte er unfreundlich.
Klafke und ich schauten uns verwundert an. Schließlich hatten wir unseren Lieblingsfilm *Atemlos* mit Richard Gere und Valérie Kaprisky schätzungsweise 50-mal angesehen und nie an diesem Motiv gezweifelt.
Wir hätten selbst die dummen Menschen im Freibad ertragen, wenn sie über unsere wie mit Edding gemalten gebrochenen Herzen getuschelt und gelacht hätten.
Jesse Lujack, von Richard Gere genial gespielt, war schließlich unser Vorbild. Ein kalifornischer Kleinkrimineller, der für die Liebe alles gibt. Ja, wir waren mit 18 schon extrem weit für unser Alter.
Klafke ließ sich dann den Silver Surfer stechen, ich das Superman-Logo, das ich bei Jon Bon Jovi gesehen hatte. Weil es mir sehr gefiel, nicht wegen Bon Jovi. Natürlich, denn ich war sehr weit für mein Alter.
Jahre später sollte mein zweites Tattoo der Nike-Swoosh sein.
Ich hatte im *Jetzt!*-Magazin der *Süddeutschen Zeitung* einen Bericht über die amerikanische Nike-Führungsriege gelesen.

Sämtliche Manager hatten sich den Swoosh klitzeklein auf den Fuß tätowieren lassen.

Ich dachte nicht lange nach und ging zu einem Freund, einem ambitionierten Hobbytätowierer. Irgendwo musste er ja üben. Mein Plan: Sollte ich einmal in den USA aufgegriffen werden und das Gedächtnis verloren haben, würden sie den Swoosh entdecken und ich bekäme einen Managerposten.

Immer wenn sich jemand über das Motiv lustig machte, erzählte ich diese Geschichte, und alle waren zufrieden. Manchmal sagte ich auch, ich hätte Nike einfach angeschrieben und würde monatlich hundert Mark dafür bekommen.

Obwohl die Tätowierung nicht sooo schön war, ließ ich den Swoosh zwanzig Jahre auf der Wade, doch weil er sich so gut in einen Anker verwandeln lässt, musste er letztlich dran glauben. Anker, Hamburg, HSV, das war stimmiger. An den Managerposten glaubte ich mit 49 Jahren sowieso nicht mehr wirklich.

Der Abstieg des HSV zerstörte dann leider mein drittes Motiv. Grenzenlos euphorisiert, war ich einst nach dem gewonnenen Relegationsspiel des HSV in Karlsruhe felsenfest davon überzeugt, der HSV würde immer Erstligist bleiben. Der Schriftzug *urgestein* auf der anderen Wade war die logische Konsequenz.

Allerdings kam das Weglasern für mich nicht infrage, also musste ich kreativ sein. Nun steht da: *Formally known as urgestein*

Jetzt mit 50 ist eh alles egal, und ich kann gut leben mit meinem Körperschmuck.

Eine letzte Angst bleibt dennoch.

Immer wieder stelle ich mir vor, dass eine Pflegerin im Altenheim genervt in die Runde ruft: »Kann heute bitte jemand anders den Superman waschen?«

In meiner Vorstellung lachen dann alle. Sogar die ganzen anderen Deppen mit ihren Tribals, Arschgeweihen und Rosen. Na ja, vielleicht ist die Sorge unbegründet, und es wird alles ganz schön im Altenheim. Vielleicht kommt die SPD wieder an die Macht. Weil sie auf die Alten setzt. Das wäre klug, weil es bald fast nur noch Alte gibt.
Die Pflegeberufe werden so gut bezahlt werden, dass sich die Pfleger immens bemühen, ihren Job zu behalten.
Die Gedanken gehen mit mir durch.
Meine modelgleiche und überaus freundliche *Personal-Pflegerin* erfüllt mir jeden Wunsch. Sie weiß besser als ich, wann ich ein Bier trinken will und wann sie Sky Regionalliga Nord einschalten muss, damit ich meinen HSV sehen kann.
In der Halbzeitpause zündet sie mir einen Joint an. Die SPD hat Marihuana legalisiert, um die Leiden der Alten zu mildern. Somit hat sie auch die jungen Wähler gewonnen und in Deutschland ein Klima des Miteinanders, der Nächstenliebe und des Feierns geschaffen.
Bei der letzten Wahl kam sie auf 69 Prozent.
Finanziert wird alles über die neue Autobahnmaut und über den Tourismus. Alle wollen dabei sein. Jeder will das neue Deutschland sehen. Selbst die Partys im Altenheim am Hirschgarten sind gut besucht.
Seit das Münchner Original Moses Wolff auch hier wohnt und als Vergnügungswart fungiert, ist alles noch besser geworden. Seine Vorliebe für frivole und ausufernde Abende ist ihm auch im Alter geblieben. Er hat das Knutsch-Bingo eingeführt und sich wieder an das legendäre Flaschendrehen erinnert, das nun zweimal pro Woche angeboten wird.
Ab Mitte September gibt es 16 bis 18 Tagesausflüge in den Ha-

cker-Biergarten auf der Wiesn. Freitags nur bis 17 Uhr, weil kaum jemand beim Beatabend im Heim fehlen will. Selbst unsere Kinder und Enkel sind oft hier. Früher waren die Eltern gekränkt, wenn sie ins Heim abgeschoben wurden, nun verbringen alle sehr viel Zeit miteinander. Die Jüngeren tanzen, die Älteren summen zu Krachern wie *Highway to Hell* in ihren Bart. Oder in den Damenbart. So viel Gendern muss sein.
Das Leben ist wie in einer Kiffer-WG, nur dass dir der Zivi nachts viermal raushilft.
Etwas schlechter geht es lediglich den Gesundheitsstrebern, die früher nie eskaliert sind, denen Detox, Sport und gesunde Ernährung wichtiger waren als Alkohol, Drogen und Spaß.
Damals habe ich sie bewundert aufgrund ihrer Stärke und Selbstbeherrschung, heute muss ich sie belächeln. Sie sind zwar immer noch sehr gesund, wirken aber immer etwas unglücklich. Vielleicht, weil sie neben dem größten Biergarten der Welt wohnen und nie gelernt haben, spaßeshalber zu trinken. Sie lieben Moses und das Freizeitprogramm nicht ganz so wie ich.
In Deutschland wird es immer Leute geben, die nörgeln. Selbst wenn es beinahe zum Schlaraffenland geworden ist. Einige wenige schimpfen auch noch über Ausländer. Witzigerweise sind das gerade die, denen die Ausländer niemals ihre Frauen weggenommen hätten.
Die Armen! Sie hatten nur ein paar gute Jahre, als sie hofften, die AfD käme an die Macht. Ach, wie sie sich damals darauf freuten, ihre Nachbarn endlich denunzieren zu können, weil deren Rasen nicht regelmäßig gemäht wurde oder sie mit einem Ausländer gesprochen hatten. Weil von den alten Rechten nun keine Gefahr mehr ausgeht, lege ich als DJ an den Beat-

abenden auch mal *Frei.Wild* oder *Andreas Gabalier* auf. Ich liebe es, wenn sie von den Pflegern zurechtgewiesen werden, weil bei den ersten Takten regelmäßig ihr rechter Arm nach oben zuckt.

Und dann, mitten in der Geschichte, gleiten meine Gedanken erneut ab. Ich habe das ungute Gefühl, dass nicht alles so schön wird wie hier im Text. Es ist nicht unwahrscheinlich, dass es mit der Rente und vor allem mit dem ganz rechten Flügel der AfD und seinen Anhängern nicht gut ausgeht.
Auch wenn ich es nicht verstehe.
Warum regiert dieser Hass in Deutschland?
Wie kann man anderen Menschen den Tod wünschen? Sich darüber freuen, wenn Flüchtlinge grausam im Meer ertrinken? Sich gar wünschen, noch mehr würden ertrinken?
Wie kann man Greta Thunberg hassen?
Ein Mädchen, das sich einfach Sorgen um die Erde macht und uns den Arsch retten will.
Ich glaube, dass *Die Ärzte* recht haben. Es ist ein Schrei nach Liebe, nach Aufmerksamkeit. Wie ein kleiner Junge, der seine Schwester schlägt, um beachtet zu werden.
Aber man könnte doch auch abends still ins Kissen weinen oder einfach liebenswerter durch die Welt gehen. Anstatt widerliche und vor allem anonyme Kommentare zu verfassen und sich in der Zustimmung anderer krimineller Idioten zu suhlen.
Lieber ruft ihr zum Mord an Angela Merkel auf. Nur weil sie das meiner Meinung nach einzig Richtige getan und die Grenzen geöffnet hat. Natürlich sind bei einer Million Menschen auch Verbrecher und Terroristen dabei. Aber würden die in ih-

ren Heimatländern nicht auch Verbrechen begehen? Vielleicht sogar viel leichter als in Deutschland?

Ich weiß, dass euch das nichts ausmachen würde. Was schert es euch, wenn ein syrisches Mädchen vergewaltigt wird. Am besten, der Vergewaltiger bringt es danach gleich um, damit es keinen Terroristen mehr gebären kann. Mindestens ein Mensch weniger, der nach Deutschland kommen kann.

Ich weiß, dass ihr so denkt, aber es tut mir weh.

Ich finde, dass ihr Deutschland kaputt macht. Nicht die Ausländer, nicht die Klimaaktivisten und nicht Angela Merkel. Nicht die Schwulen und Lesben und nicht die Frauen, die Burka tragen.

Aber ich fühle keinen Hass, ich fühle Mitleid. Ich wünsche auch euch Liebe und ein unbesorgtes Leben, ich wünsche euch Flaschendrehen im Alter und ich wünsche euch niemand, der sich weigert, eure tätowierten Frakturschriften zu waschen.

Und vor allem wünsche ich euch, wenn ihr es auch wollt, einen der begehrten Plätze im Altenheim der Liebe.

FERTIG!

Als das Buch *Mach dieses Buch fertig* erschien, war ich neidisch.
Neidisch darauf, nicht selbst diese Idee gehabt zu haben. Es ist ein Buch, das vielleicht an einem einzigen Tag geschrieben wurde, aber dennoch extrem erfolgreich war und immer noch ist.
Ein Aktiv-Buch. Auf einzelnen Seiten steht beispielsweise nur *Zeichne den Umriss deiner Hand* oder *Verkaufe diese Seite*.
Letztlich wurde diese Idee oft kopiert, gerade YouTuber influencen ihre Fans gerne mal mit Ausmal-, Kritzel- und Fertigmach-Büchern.
Mir stellt sich die Frage, ob sie wenigstens ein schlechtes Gewissen haben, mit so wenig Aufwand so viele Bücher zu verkaufen.
Ich dagegen lege mein ganzes Herzblut und meine Lebenszeit in meine Geschichten. Manchmal feile ich tagelang an einem einzigen Satz, bin dann noch nicht ganz zufrieden und hänge noch zwei weitere Tage dran. Auch für den letzten Satz habe ich etwa einen Nachmittag lang gebraucht. Aber es hat sich gelohnt, er ist perfekt.
Die billigen YouTuber dagegen fordern ihre Fans auf, in eine Pfütze zu springen, und fertig ist der Lack!
Nie würde ich so ein Buch herausbringen, zu sehr würde ich mich schämen.
Andererseits wäre es vielleicht angenehm und befreiend, kurz

vor dem Abgabetermin des Manuskripts einfach mehrere Seiten auf diese Art zu füllen, anstatt zwei Geschichten schreiben zu müssen.

Unter Umständen gefällt es der Leserin oder dem Leser, mal nicht durch meine Texte intellektuell gefordert zu werden.

Eine Win-win-Situation.

Wisst ihr was? Ich probiere es einfach aus, und hinterher sprechen wir über unsere Erfahrungen.

Lasst euch einfach darauf ein, geht aus euch raus!

```
┌ ─ ─ ─ ─ ─ ─ ─ ─ ─ ─ ─ ─ ─ ─ ┐
│                             │
│    Klebe hier ein Bild      │
│    ein, auf dem du          │
│    dieses Buch liest.       │
│                             │
│                             │
│                             │
│                             │
└ ─ ─ ─ ─ ─ ─ ─ ─ ─ ─ ─ ─ ─ ─ ┘
```

Poste das Bild außerdem beim Autor auf Facebook oder Instagram.
Natürlich ist das für ihn billige Social-Media-Werbung, aber relativ sympathisch eingefädelt.

Fertig!

Skandal!

Diese Trends hat der Autor glatt vergessen:

-
-
-
-
-
-
-
-
-

Wenn du so schlau bist,
schreib doch dein eigenes
Buch!
Beginne jetzt:

Ich schäme mich, bei folgenden Trends mitgemacht zu haben:

-

-

-

-

-

Sorry, echt!

Klebe hier einen Geld-
schein rein, verleihe das
Buch und schau nach, ob
er noch da klebt, wenn
du es zurückbekommst.

Tipp an den Ausleiher:
   Nie zurückgeben!

Schreibe Listen. Nichts macht mehr Spaß!

Lieblingsfilme:
　1
　2
　3

Beste Bands:
　1
　2
　3

Top-3-Bücher:
　1 Irgendwas mit „Radler"...
　2
　3

Was ich im Leben noch machen will:
　1
　2

Male das schönste Wappen des besten Vereins der Welt!

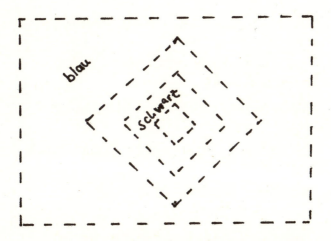

Oder ein beliebiges anderes.

Diese Seite kann einfach überblättert werden. Sie hat keinerlei Relevanz. Es ist die letzte Seite, die der Autor schreiben musste. Er war leer und wollte auch die Seite leer lassen, hatte die Rechnung aber ohne seine Lektorin gemacht. Also einfach weiterblättern

...

Benutze diese Seite einen Abend lang als Bierdeckel. Egal, ob zu Hause oder in der Kneipe. Oder noch besser: im Club!

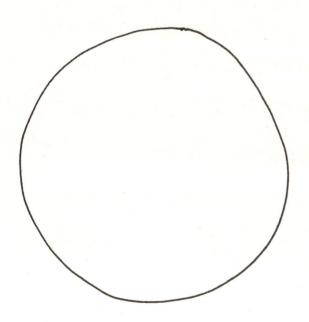

Schreibe zu jedem Buchstaben des Alphabets die Namen derjenigen, mit denen du mindestens schon geknutscht hast.

Wenn du Katrin, Yvonne, Britta, Antje, Anke, Nina, Petra, Michaela, Eva, Cornelia, Miriam, Meike, Bianca, Jana, Maren oder Wiebke heißt und dir das „V" fehlt, melde dich! Maria fällt weg, das ist mir inzwischen wieder eingefallen. Sorry.

A	B	C
D	E	F
G	H	I
J	K	L
M	N	O
P	Q	R
S	T	U
V	W	X
Y	Z	

Natürlich sind diese Eintrag-
seiten extrem albern, aber
der Autor hatte sehr viel Spaß,
sie zu kreieren.
Das ist doch auch etwas
wert, und „Kreieren" ist
ein unglaublich doofes Wort.

↑
Bitte malt hierhin eine
wohlwollende Blume.

Fertig!

EPILOG

Tja, was soll ich sagen?

Was ist das Fazit, welches finale Fanal soll ich setzen?

Es macht schon Spaß, Dinge einfach mal auszuprobieren. Exemplarisch möchte ich Yoga und Golf hervorheben. Das Yoga-Erlebnis hat mich überrascht, weil es wirklich schön war. Ich schließe nicht aus, da noch einmal hinzugehen. Vielleicht auch nur, um etwas beweglicher zu werden für das Golfen. Diese Sportart hat mich auch überrascht, weil ich sie wider Erwarten nicht gut konnte. Unter Umständen bin ich gar kein Jahrhunderttalent. Der Golfplatz hat mich bescheiden gemacht, vielleicht werde ich in Zukunft meine Klappe etwas weniger aufreißen. Aber nur ein bisschen, weil zu viel Bescheidenheit auch Quatsch ist.

Deshalb: Geht raus, seid laut, feiert, habt Spaß, schlagt über die Stränge, gerne auch mit alkoholfreiem Radler! Seid dabei tolerant, hebt die Stimme gegen rechts und Diskriminierung, achtet auf Umwelt und Umfeld.

Und das Wichtigste: Liebt euch. Jetzt!

René Marik

WIE EINMAL EIN BAGGER AUF MICH FIEL

Eine Provinzjugend

Von Holzbaracken und grünen Männchen

Westerwald, Kasernen, Bratensoßengeruch: René Marik verbringt seine Kindheit in einem Bundeswehrlager, dessen Kantine von seinen Eltern betrieben wird. Während die »Grünen« draußen im Feld zelten und rumballern üben, versucht er, dem seltsamen Verhalten der Erwachsenen einen Sinn abzuringen. Auf der Suche nach Freiheit vom piefigen Alltag stürzt sich René gemeinsam mit der bis zur Besinnungslosigkeit gelangweilten Dorfjugend in immer verwegenere Abenteuer, bis es eines Nachts zur Katastrophe kommt, in der ein Bagger die Hauptrolle spielt …

»Das Buch leistet das, was Literatur auch leisten soll, muss, kann: endlich wieder mal die vielzitierte kafkasche Axt für das gefrorene Meer in uns sein. René Marik bricht mit der Kraft seiner Verzweiflung wirklich Eis auf. Ein Buch, das eine Wucht ist!«
Frankfurter Allgemeine Zeitung

James Ball

ISN'T IT IRONIC?

Antworten auf absolut lebenswichtige Fragen in Popsongs

Spoiler-Alarm:
Musikmythen aufgedeckt!

Gibt es Leben auf dem Mars? Wie viele Straßen muss man gehen, um ein Mann zu sein? Und was ist Liebe? Große Popsongs stellen die entscheidenden Fragen – doch die richtigen Antworten liefern weder die Beatles noch Taylor Swift, auch nicht Bob Dylan oder Snoop Dogg.

Damit ist jetzt Schluss: Wissenschaftlich fundiert und höchst vergnüglich unterzieht Musikexperte James Ball unser Pop-Universum einem knallharten Faktencheck. Seine eleganten Songanalysen klären endlich, ob Rihanna noch einen Regenschirm braucht, was die Überlebenschancen mit gebrochenem Herzen sind und was wirklich ironisch ist. Wer dieses Buch liest, hört seine Lieblingssongs bald garantiert mit anderen Ohren.